매일 비가 와도 좋아

Original Japanese title: ANATANO JINSEI WO KAERU AMENOHI NO SUGOSHIKATA

Original Japanese edition published by Bunkyosha co., Ltd.
Korean translation rights arranged with Bunkyosha co., Ltd.
through The English Agency (Japan) Ltd. and Eric Yang Agency, Inc

매일 비가 와도 좋아

비 오는 날을 산뜻하고 활기차게 보내기

미노다 게이지 지음
송은애 옮김

심포지아

차례

3장

심리

비를 좋아하게 되려면? 비 오는 날의 스트레스 해소법

5장

즐기기

비 오는 날을 '특별한 하루'로 만드는 비결

비 오는 날,
더는 실망하지 마세요!

이 책은 우울해지기 쉬운 비 오는 날을 즐기기 위한 몸과 마음의 처방전입니다. 비 오는 날에 거리를 걸으면 사람들의 '마음속 소리'가 들려옵니다.

'아, 나른해. 비가 오는구나….'

'머리가 지끈거려.'

'왜 이렇게 졸린 걸까.'

'아, 의욕 없어. 다 귀찮아.'

이렇게 느끼는 분이 많은 듯합니다.

많은 사람들이 비 오는 날에는 어쩐지 몸 상태가 좋지 않다고 호소합니다. 몸이 나른하거나 머리가 무겁고 지끈거리는 증상은 물론, 피부가 푸석하다, 가슴이 두근거린다, 소화가 잘 안 된다, 손발이 차갑다, 귀가 울린다는 등, 그 고민은 실로 다양하지요. 비 오는 날 특유의 감정 변화도 빼놓을 수 없습니다. 왠지 모를 울적함에 휩싸일 뿐 아니라 이유 없이 화가 나기도 하고 쉽게 불안해지기도 합니다. 하지만 비가 온다고 해서 회사나 학교를 쉴 수도 없는 노릇이니, 천근만근 무거운 몸과 마음을 이끌고 밖으로 나가야 하지요.

'어쩐지 의욕이 생기질 않아.'

'비 오는 날은 왠지 우울하다니까….'

'얼른 날씨가 좋아졌으면….'

비 오는 날, 평소와 다른 몸과 마음 때문에 불편함을 느끼셨던 분이라면 주목해 주세요!

이 책은 이런 분들을 위한 몸과 마음의 처방전입니다.

비가 몸과 마음에 이상을 일으키는 데에는 당연히 이유가 있습니다. 바로 수분과 기압의 변화입니다. 이 두 가지 현상에 몸과 마음은 다양한 반응을 보입니다. 그 결과, 앞에서 소개한 것처럼 비 오는 날에는 어쩐지 몸이 찌뿌듯하고 우울한 기분이 드는 것이지요.

비 오는 날 특유의 찌뿌듯하고 우울한 증상은 '자율 신경계의 불균형'과도 관련이 있습니다. 교감 신경과 부교감 신경으로 이루어진 자율 신경은 우리 몸을 '활동' 또는 '휴식' 모드로 전환해 주는 역할을 합니다. 그리하여 우리의 몸은 아침이 되면 '활동=긴장 모드', 밤이 되면 '휴식=안정 모드'로 바뀌는 것이지요. 그런데 비 오는 날에는 이러한 전환이 제대로 이루어지지 않습니다. 모드가 원활하게 전환되지 않으면, 몸과 마음은 이도 저도 아닌 개운치 않은 상태가 되므로, 상태가 점점 더 나빠집니다.

이 책의 목적은 비 오는 날 특유의 기후에 영리하게 대처하여 자신을 '비 오는 날 모드'로 만드는 데 있습니다. 이렇게 할 수만 있다면 비가 오더라도 건강하고 활기찬 하루를 보낼 수 있습니다. 게다가 비를 활용하여 자신의 능력을 높이는 것은 물론, 다른 사람과 친해지거나 비즈니스를 안정시킬 수도 있지요. 그렇습니다. 비를 잘만 활용하면 그만큼 인생을 풍요롭게 만들 수 있습니다.

그러므로 이 책에서는 '비 오는 날 특유의 나른하고 우울한 증상을 없애는 방법'은 물론, 비의 본래 성질에도 주목하여 '비 오는 날, 생활에 소소한 변화를 줌으로써 인생을 더욱 긍정적인 방향으로 이끄는 비결'을 소개합니다.

비 오는 날을 불쾌하게 보내는 사람은 그 횟수만큼 인생을 불쾌하게 느끼는 셈입니다. 이러한 생각을 바꾸면 인생을 지금보다 훨씬 쾌적하게 보낼 수 있지요. 비 오는 날을 잘만 활용하면 여태까지 쌓였던 피로나 스트레스를 한방에 해소할 수 있기 때문에, 맑은 날에 더욱 활기차게 생활할 수 있습니다.

어쩌면 비 오는 날에 한 생각, 비 오는 날에 길러진 감성과 풍요로운 마음으로 새로운 사실을 발견하게 될 가능성도 있습니다. 또, 비 오는 날은 서먹서먹한 인간관계를 풀기에도 안성맞춤이므로, 비를 활용하면 관계가 더욱 돈독해질지도 모를 일입니다. 이렇듯 비 오는 날을 효과적으로 활용하면 심지어 비가 오지 않는 날까지 더욱 쾌적하게 바꾸므로, 여러분의 인생 또한 분명 긍정적인 방향으로 흘러

갈 것입니다.

저는 이처럼 비 오는 날의 새로운 활용법을 제안하고자 이 책을 썼습니다. 이쯤에서 간단히 제 소개를 하겠습니다. 제 전문 분야는 스트레스와 뇌 피로로, 30년이 넘는 세월 동안 상담과 연구를 계속해 왔습니다. 또 스트레스 치료 상담사 양성 기관인 BTU(밸런스 테라피 Univ.)의 대표를 맡아 현재까지 약 5,000여 명의 학생을 어엿한 상담사로 키워 냈지요. 그동안 수만 명이 넘는 사람을 만나 그들의 고민을 들어 왔는데, 장마철을 비롯한 비 오는 날에는 어쩐지 울적하다, 몸 상태가 좋지 않다고 호소하는 사람이 꽤 많았습니다. 비를 좋아하는 저로서는 참으로 안타까운 일이었지요. 게다가 많은 현대인에게 비는 스트레스의 원인이므로, 상담사로서 '비 오는 날 보내는 법'은 더는 두고 보기 힘든 과제인 셈입니다.

우리의 몸과 마음은 인간관계와 같은 심리·사회학적 문제와 마찬가지로, 혹은 그 이상으로 날씨의 영향을 받습니다. 과학이 아무리 발달한들 지구에서 생활하는 한, 날씨는 인간과 떼려야 뗄 수 없는 관계이지요. 그런데도 현재 우리는 비 오는 날에 느끼는 찌뿌듯함이나 우울함 등을 대수롭지 않게 여깁니다. 비 오는 날의 기분 변화와 몸의 상태를 인지하면서도 그 원인이나 메커니즘에 관해서는 깊이 생각하지 않습니다. 그저 기분 탓이겠거니, 하고 생각하지요.

이 책에서는 '비' 자체에 초점을 맞추어 비를 바라보는 우리의 생각과, 비로 인한 몸과 마음의 다양한 증상들을 알아봅니다. 그리하여 날씨와 뇌, 몸의 기능과 같은 과학적 관점에서 우리에게 일어나는 변화와 그 이유를 살펴보고, 몸과 마음을 쾌적하게 만드는 일상적인 실천 방법을 찾고자 합니다.

이 책을 통해 비와 현명하게 살아가는 법을 익혀서 하루하루를, 그리고 인생을, 보다 나은 방향으로 바꿔 나가기를 바랍니다.

어느 비 오는 날에

미노다 게이지

1장.
비만 오면 찌뿌듯해지는 몸, 사실은 이것 때문이에요!

기압의 비밀을 풀면 비 오는 날의 찌뿌듯함을 80%나 해소할 수 있다

즉시, 비 오는 날에 생기는 '두통'과 '나른함'부터 해소합시다. 비 오는 날에 몸이 찌뿌듯해지는 가장 큰 요인은 '저기압'입니다. 기압이란 간단히 말해 '공기로부터 받는 압력'입니다. 물에 들어가면 수압을 느끼듯이 우리는 무의식중에 매일 공기의 압력, 즉 '기압'을 받지요.

기압의 세기는 지표에서 얼마만큼 떨어져 있느냐로 결정됩니다. 높은 산 정상의 기압은 산 아래 평지의 기압보다 낮으므로, 평지의 기압에 익숙한 사람이 갑자기 산 정상에 올라가면 몸이 대처하기가 힘듭니다. 이것이 바로 '고산병'의 원리입니다. 몸이 여느 때보다 압력을 덜 받는 탓에, 혈관이나 림프관이 팽창하여 정상적으로 활동할 수 없지요. 비 오는 날, 몸이 찌뿌듯해지는 원리도 이와 똑같습니다. 저기압으로 혈관이나 림프관이 팽창해, 몸이 마치 가벼운 고산병 상태가 되는 것입니다.

다음과 같은 구체적인 증상이 나타나기 시작하면서 몸도 마음도 무거워지지요.

· 두통 · 귀 울림 · 관절 통증

· 나른함 · 붓기 · 혈액 순환 저하

왜 비 오는 날에는 머리가 지끈거릴까?

비 오는 날, 몸이 찌뿌듯해지는 원리를 조금 더 깊이 파헤쳐 봅시다.

아무리 기압이 낮아도 우리는 피부나 온몸의 감각으로 저기압이란 사실을 느끼지 않습니다. 저기압을 감지하는 기관은 귀 안쪽에 있는 '내이內耳'입니다. 내이가 저기압을 느끼면, 이번에는 뇌가 이를 감지하여 몸을 부교감 신경 우위 상태로 만들라는 명령을 내립니다.

그렇게 부교감 신경 우위 상태가 된 우리 몸에는 다양한 증상이 나타나게 되는 것이지요. 이쯤에서 '자율 신경'의 개념을 알아보겠습니다. 앞으로 자주 등장하게 될 단어이니 여기서 잘 알아두시면 좋겠네요.

자율 신경은 우리 몸의 속도 조절기입니다. 자율 신경은 호흡, 순환, 체온, 소화 등 생명 활동의 기본이 되는 기능이 일정한 상태를 유지하도록 조절하는 역할을 합니다. 자율 신경은 '교감 신경'과 '부교감 신경'이라는 서로 다른 성질을 가진 두 종류의 신경으로 각 기관을 지배하고 있습니다. 우리가 활동하는 동안 작용하는 교감 신경은 보통 아침에 눈을 떴을 때부터 우위 상태가 되어, 낮 동안 활기차게 일할 힘을 주지요. 교감 신경은 심박수를 증가시키고 혈압과 혈당을 높여 에너지를 발산하는 역할을 합니다. 한편 저녁 무렵 어스름해지기 시작하면, 이번에는 부교감 신경이 우위 상태가 되어 우리를 잠 속으로 유도합니다. 잠을 자는 동안 세포를 재생하여 다음 날 활동에 대비하는 일도 부교감 신경의 역할입니다.

즉, 비 오는 날 우위에 서는 부교감 신경은 본래 긴장이 풀렸을 때 활발하게 활동합니다. 부교감 신경은 에너지를 발산하는 교감 신경과 반대로 에너지를 절약하여 신체에 저장하는 작용을 합니다. 그러므로 자연스럽게 호흡이 깊어지고 졸음이 쏟아지지요. 심장 박동 또한 안정적으로 느려져서 소화 기관의 활동을 촉진합니다. 말하자면 배가 부르거나 목욕을 마친 후, 나른한 행복감을 느낄 때와 같은 상태라고나 할까요.

교감 신경의 과도한 활동이 문제시되는 현대인에게 이처럼 부교감 신경이 활발하게 활동할 기회는 매우 소중하지만, 의욕적으로 일하고자 할 때는 브레이크로 작용합니다. 활기차게 움직이고 싶을 때, 무언가를 열심히 하고 싶을 때, 부교감 신경은 그야말로 걸림돌일 뿐이지요. 이것이 바로 '비 오는 날 몸이 나른해지는 현상'의 정체입니다. 휴식 모드일 때 억지로 움직이면 당연히 평소보다 몸이 무겁고 쉽게 피로해지지요.

이처럼 비 오는 날의 낮은 기압은 '활동하기 위해 교감 신경을 우위에 세우려는 움직임'과 '저기압에 의해 부교감 신경을 우위에 세우려는 움직임'이란 정반대의 흐름을 우리 몸에 만들어 냅니다. 그리하여 몸이 혼란을 느끼게 되어, 나른함이나 두통을 비롯한 갖가지 증상이 나타나게 됩니다.

칙칙한 하늘도 나른함을 부추긴다

게다가 비 오는 날의 햇빛 양은 화창한 날과 비교했을 때, 겨우 25% 정도입니다. 우리 몸을 '휴식 모드(밤/부교감 신경)'에서 '활동 모드(낮/교감 신경)'로 바꾸는 스위치를 켜는 데 햇빛은 도우미 역할을 하지만, 비 오는 날의 햇빛 양은 스위치를 켜기에 역부족입니다. 그러므로 아침부터 비가 내려서 빛이 모자라면 몸이 눈을 번쩍 뜨지 못해, 교감 신경과 부교감 신경의 조절이 원활하지 않은 상태가 됩니다. 즉 '자율 신경 기능 이상*'과 같은 상태가 됩니다. 저기압 탓에 가뜩이나 나른한 비 오는 날이 칙칙한 하늘로 인해 더욱 나른하게 느껴지지요.

비 오는 날에는 쉬어야만 할까?

비 오는 날에 저절로 부교감 신경이 활발해진다면, 이제 단념하고 직장이나 학교를 쉬어야 할까요?

---

* 자율 신경 기능 이상 : 교감 신경과 부교감 신경의 조절이 제대로 이루어지지 않아 여러 가지 신체적 · 정신적인 이상 증상이 나타나는 것. '자율 신경 실조증'이라고도 함.

아니, 그렇지 않습니다. 몸과 마음을 위해 비 오는 날에도 반드시 교감 신경을 적절하게 움직여 주어야 합니다. 낮 동안 활동을 해서 교감 신경을 자극해 두지 않으면, 이번에는 밤이 되었을 때 부교감 신경으로 원활하게 전환되지 않으므로 편히 휴식을 취할 수가 없습니다. 그러면 자율 신경의 균형이 흐트러지게 되어 수면이나 체온 조절, 내장 기관 활동에까지 이상이 생기지요.

따라서, 비 오는 날에는 활동을 시작하기 전에 교감 신경을 확실히 자극해 몸을 활동 모드로 전환해 두어야 합니다. 이것이 바로 비 오는 날, 쾌적하게 활동하기 위한 준비 운동입니다.

왜 비 오는 날의 나른함에는
의지가 통하지 않을까?

이제 비 오는 날에 느껴지는 나른함이 단지 기분 탓이 아니라 신체적 문제라는 사실을 이해하셨겠지요. 이러한 까닭에 아무리 머리로 '힘내야겠다!'고 생각한들 그 명령은 몸에 전달되지 않습니다. '힘내야겠다!'라고 생각하는 뇌 부위와 몸 상태를 관리하는 뇌 부위는 다른 곳이기 때문입니다.

몸 상태를 관리하는 곳은 '뇌줄기'입니다. 뇌줄기는 사물을 말로 파악하지 않기 때문에 아무리 생각해 보았자, 그 명령으로 몸의 감각을 변화시키기란 어렵습니다. 이쯤에서 자율 신경과 떼려야 뗄 수 없는 '뇌줄기'에 관해 설명하겠습니다. 우리의 뇌는 크게 세 부분으로 나뉩니다.

생명을 유지해 주는 '뇌줄기*'

'뇌줄기'는 가장 깊숙한 곳에 있는 뇌입니다. 생명을 유지하는 역할을 하므로 파충류의 뇌에서도 볼 수 있는 '원시적 뇌'이지요. 길이는 10cm 정도이고 엄지손가락과 비슷하게 생겼으며, 다음의 네 가지를 조절하는 데 관여합니다.

- 자율 신경
- 내분비계(호르몬)
- 면역
- 근육

즉, 뇌줄기는 호흡이나 혈압, 체온 조절, 내장 기능, 호르몬 분비 등 우리의 의지로 움직일 수 없는 부분을 관장합니다. '위야, 제발 일 좀 해!'라고 생각하지 않아도 음식물이 소화되듯, 뇌줄기의 활동과 사람의 의지 사이에는 아무런 관계가 없습니다.

---

* 의학 용어는 새롭게 바뀐 말로 번역함.
(뇌간 → 뇌줄기, 대뇌변연계 → 둘레계통, 대뇌신피질 → 대뇌새겉질)

감정과 본능을 담당하는 '둘레계통'
말과 사고를 담당하는 '대뇌새겉질'

'둘레계통'은 뇌줄기보다 바깥쪽에 있으며, 감정과 본능을 관장하는 뇌입니다. 개와 고양이가 감정을 느끼는 이유도 둘레계통이 있기 때문이지요.

가장 바깥쪽에 있는 '대뇌새겉질'은 인간에게 특히 발달한 뇌로, 인간이 지식을 익히고 언어를 사용하며 고민하는 것은 이 뇌 덕분입니다. 즉 말로 생각한 내용, 말하고 싶거나 누군가에게 들은 내용은 대뇌새겉질에 가장 큰 영향을 끼칩니다. 대뇌새겉질이 받은 영향이 둘레계통과 뇌줄기에 전달되므로, 말 자체는 감정이나 본능, 자율 신경이나 내분비계에 직접 작용하지 않지요. 일반적으로 상담은 말을 통해 이루어지기 때문에 오로지 이 대뇌새겉질에만 영향을 끼칩니다.

오해를 무릅쓰고 말하자면, 말로 자율 신경이나 내분비계 이상을 개선하기란 불가능합니다. 즉 뇌줄기가 관장하는 부분을 개선하기 위해서는 뇌줄기에 직접 효과가 있는 방법을 선택하는 편이 효율적입니다. 그리하여 이제부터 '가벼운 고산병 상태', '가벼운 자율 신경 기능 이상 상태'

가 되기 쉬운 신체적 증상을 예로 들어, 활기차게 생활하기 위한 구체적인 방법을 소개하겠습니다. 두통약 등에 의존하기 전에 지금 당장 할 수 있는 일부터 실천해 보시기 바랍니다.

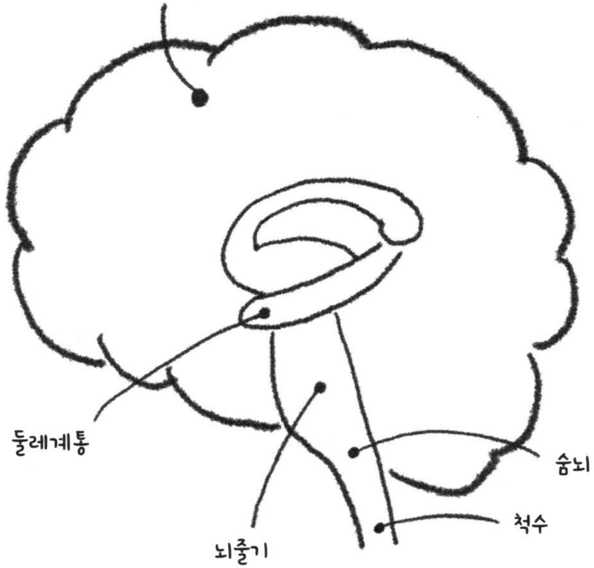

몸 상태를 관장하는 곳은 '뇌줄기'

쉬어가는 칼럼

비의 영향을 받기 쉬운 사람은?

일본의 기상 정보 회사 웨더뉴스의 조사에 따르면, 여성의 75%, 남성의 51%는 비가 오거나 저기압일 때 어쩐지 찌뿌듯함을 느낀다고 합니다. 특히 여성은 그 영향이 뚜렷하여 2명 중 1명은 '나른함'을, 3명 중 1명은 '두통'을 느낀다는 결과가 나왔습니다. 또 몸 상태 변화를 가장 민감하게 느끼는 연령대는 40대 여성으로, 약 80%가 이상 증세를 호소했다고 합니다.

이처럼 비만 오면 몸이 나른하거나 머리가 지끈거린다는 사람이 있는 한편, 비와 몸 상태는 아무런 관계가 없다고 주장하는 사람도 많습니다. 비가 오면 몸 상태가 변하는 사람과 변하지 않는 사람의 차이는 어디에 있을까요?

앞에서 설명한 대로 비 오는 날 몸이 찌뿌듯해지는 이유는 대개 자율 신경의 균형이 무너졌기 때문입니다. 비 오는 날에는 자율 신경이 크게 변화하는데, 평소에 자율 신경이 피로한 사람일수록 기후가 변했을 때, 몸과 마음에 이런저런 증상들이 나타나지요. 반대로 원래 자율 신경이 제대로 조절되는 사람은 비나 저기압의 영향을 덜 받습니다. 그러므로 이쯤에서 여러분의 자율 신경 피로도를 한번 확인해 보겠습니다. 다음 장에 있는 자율 신경의 피로도를 측정하는 자가 진단표를 읽고, 해당하는 항목에 표시해 보세요.

자율 신경 피로도 자가 진단표

• 해당하는 항목에 표시해 보세요.

- ☐ 귀가 울린다
- ☐ 좀처럼 상쾌함을 느끼지 못한다
- ☐ 숨 쉬기 힘들 때가 많다
- ☐ 여름에도 손발이 차갑다
- ☐ 어깨나 목덜미가 뻣뻣하다
- ☐ 팔이나 다리가 나른하다
- ☐ 머리가 지끈거린다
- ☐ 툭하면 우울하다
- ☐ 어지럽다
- ☐ 피곤해서 녹초가 되기도 한다
- ☐ 비 오는 날에는 몸이 심하게 나른하다
- ☐ 조금만 몸을 움직여도 피곤하다
- ☐ 기후 변화에 따라 몸 상태가 쉽게 변한다

- [ ] 잠을 잘 이루지 못한다
- [ ] 한밤중에 눈이 떠지곤 한다
- [ ] 사소한 일에 끙끙댄다
- [ ] 도중에 좌절하는 일이 잦다

▶ 표시 개수 ____개

어떤가요? 혹시 거의 모든 항목에 표시하지는 않았나요?

비 오는 날, 우리가 찌뿌듯함을 느끼는 이유는 평소에 자율 신경이 불안정한 탓이니, 평상시 자율 신경을 안정된 상태로 유지해 두면, 비가 오더라도 좀처럼 몸에 이상이 나타나지 않겠지요. 따라서 지금부터 비 오는 날, 활동 모드로 스위치를 켜서 교감 신경과 부교감 신경의 전환이 원활하게 이루어지도록 하는 방법들을 소개하겠습니다. 이 방법들을 꾸준히 잘 실천한다면 자율 신경을 안정시키는 데 도움이 될 것입니다.

비 오는 날의 불쾌감 & 찌뿌듯함 해소법

① 누운 채로 손발 털기

★ 베스트 타이밍

아침에 눈 뜨자마자

★ 이럴 때 효과있어요

나른함, 붓기, 체온 저하

알람을 끄고 눈을 떴더니 여느 때보다 약간 어두컴컴한 아침. 커튼 틈으로 햇살 대신 빗소리가 들려 옵니다. 평소보다 머리도 멍하고요. 이대로 계속 잤으면….

이런 마음이 든다면, 천근만근 무거운 몸을 억지로 일으키기 전에 '손발 털기' 체조를 해보세요. 이 체조는 언제 해도 효과적이지만, 잠자리에서 일어나기 직전에 해야 가장 부담 없이 실천할 수 있고 효과도 금방 나타납니다. 손과 발을 탈탈 턴 후에는 손발을 바닥에 털썩 내려놓고 편안하게 숨을 쉬면 됩니다.

이 체조는 혈액 순환 개선에도 도움이 되므로 평소 몸이 차가운 분께도 추천합니다. 또 손발이 붓는 증세를 개선하는 데도 효과가 뛰어납니다.

1. 똑바로 누워서 손발을 위로 올린다.
2. 손발을 탈탈 떤다.

② 뜨거운 물로 재빨리 샤워하기

★ 베스트 타이밍

외출 전

★ 이럴 때 효과있어요

나른함, 잠자리에서 일어나기 힘든 증상

뜨거운 물은 몸에 좋은 자극이 되므로, 재빨리 샤워하면 자연스럽게 교감 신경 우위 상태가 됩니다. 심장 박동 수와 혈압이 높아지고 체온이 올라가서 몸이 활동 모드로 전환되는 것을 도와주기 때문이지요.

그러므로 어쩐지 찌뿌듯한 비 오는 날 아침에는 외출하기 전, 뜨거운 물로 샤워를 하세요. 시간에 여유가 있을 때는 42도쯤 되는 뜨거운 물에 3분간 몸을 담그면, 더 큰 효과를 볼 수 있습니다. 여름철과 같이 땀을 흘릴 것 같을 때는 욕조에서 나와 샤워기를 이용해 무릎 밑에 찬물을 한번 쫙 뿌리면 땀이 가라앉습니다.

이 방법의 핵심은 '뜨거운 물'로 '짧은 시간' 동안 몸에 자극을 주는 것입니다. 반대로 '미지근한 물'에 '오랜 시

간' 몸을 담그면, 부교감 신경 우위 상태가 되어 몸이 점점 휴식 모드로 바뀝니다. 그러므로 아침에는 '약간 뜨거운 물로 재빨리 샤워하기'를 꼭 기억해 두시기 바랍니다. 이 방법은 비 오는 날뿐 아니라 특히 분발해야 할 날에도 유용합니다. 아침에 조금 여유 있게 일어나 뜨거운 물로 재빨리 샤워한 다음 외출하면, 의욕 넘치는 하루를 보낼 수 있습니다.

③ 관자놀이와 목덜미 차갑게 하기

★ 베스트 타이밍

언제나

★ 이럴 때 효과있어요

두통, 머리가 띵하고 무거운 증상, 나른함, 졸음

특히 두통이 심할 때는 두통의 원인인 팽창된 혈관 부근의 관자놀이와 목덜미를 물리적으로 차갑게 하여, 혈관을 수축시키세요. 이 방법이 가장 간편하면서도 즉시 효과를 볼 수 있는 치료법입니다. 겨드랑이 밑, 다리가 시작되는 곳 등 동맥이 모여 있는 부분을 차갑게 해도 효과적입니다.

두통이 심할 때 대처법

차가운 수건이나 수건에 싼 아이스 팩으로
관자놀이와 목덜미를 차갑게 한다

④ 평소보다 커피 많이 마시기

★ 베스트 타이밍

언제나

★ 이럴 때, 효과있어요

두통, 머리가 띵하고 묵직한 증상, 나른함, 졸음, 붓기

기압이 낮을 때 머리가 지끈거리는 이유는 고산병 상태에서 팽창된 혈관이 주변 신경을 자극하기 때문입니다. 이와 같은 두통을 개선하려면 혈관 확장을 막아야 하는데, 이때는 혈관 수축 작용이 강한 '카페인'을 섭취하는 방법이 효과적입니다.

카페인이라고 하면 보통 커피를 떠올립니다. 실제로 홍차나 녹차와 비교했을 때, 커피에는 카페인이 다량 포함되어 있기 때문에 적극적으로 커피를 마시면 두통에 대처할 수 있습니다. 커피가 몸에 맞지 않는 분께는 엽차*를 추천합니다. 엽차에는 드립 커피보다 카페인이 훨씬 많이 들어 있습니다.

게다가 카페인은 이뇨 작용을 촉진하여 몸속 수분을 적

---

* 엽차 : 잎의 모양이 그대로 있는 차

절하게 배출하는 데 도움을 주므로, 비 오는 날 특유의 '붓기'도 개선할 수 있지요. 단, 카페인을 과잉 섭취하지 않도록 주의해야 합니다. 카페인에 대한 내성은 개인차가 매우 큰 탓입니다. 저는 커피를 좋아해서 하루에 5~6잔쯤 마셔도 끄떡없지만, 평소 커피를 즐기지 않는 분은 주의하세요. 지나치게 많이 마시면 밤에 잠을 이루지 못하는 등의 부작용이 나타날지도 모릅니다.

평소에 커피나 홍차를 즐긴다면, 비 오는 날을 위해 조금 특별한 시도를 해 보는 것도 좋겠네요. 아침에 카페에서 커피를 마시는 습관이 있는 분은 에스프레소에 샷을 추가해서 드시면, 드립 커피의 두 배나 되는 카페인을 섭취할 수 있습니다.

홍차를 즐기시는 분이라면 평소에 먹던 것과 다른 종류의 홍차를 드셔 보는 건 어떨까요? '오늘은 비가 오니까 이걸 먹어야지.'하는 생각으로 색다른 차에 도전해 보는 것도 좋겠네요.

참고로 현재 시판 중인 자양강장제에도 카페인이 많이 포함되어 있습니다. 따라서 비 오는 날, 자양강장제를 마시는 방법도 두통에 효과적이지만, 자양강장제를 마시는 행위는 채찍을 가해서 우리 몸을 억지로 활동 모드로 만드는 것이나 마찬가지이므로, 그다지 권하고 싶지는 않습니다.

카페인은 두통과 붓기에 효과적이다

음료별 카페인 양

표준 섭취량

1일 적정 섭취량 : 300mg 전후

음료에 포함된 카페인 양

▶ 드립 커피(150mL)

130mg 전후

▶ 에스프레소(50mL)

140mg 전후

▶ 인스턴트커피(150mL)

70mg

▶ 홍차(150mL)

30mg

▶ 녹차(150mL)

30mg

▶ 엽차(150mL)

180mg

▶ 시판 중인 캔 커피(190mL)

120~130mg

⑤ 귀마개나 눈가리개로 피로 누그러뜨리기

★ 베스트 타이밍

피곤할 때, 업무나 작업 중에 틈틈이

★ 이럴 때 효과있어요

피로, 두통, 나른함

두통이 심하거나 머리가 멍할 때는 귀마개나 눈가리개를 추천합니다. 피로가 쌓이면 우리의 시야는 자연스럽게 좁아집니다. 이러한 현상은 눈이 받아들이는 정보를 제한하여 뇌를 보호하려는 자연스러운 신체 작용이지요. 돌발성 난청이 발병하면 때때로 특정인의 목소리만 들리지 않는데, 이 또한 스트레스가 되는 소리를 차단하여 뇌를 지키려는 작용으로 추측됩니다.

이처럼 평소에는 정보량이 자연스럽게 조절되지만, 비 오는 날에는 이 조절 능력이 쉽게 둔해지는 탓에 쉽게 피로해집니다. 그러므로 일부러 귀마개나 눈가리개를 사용해 스스로 정보의 양을 줄여 주세요. 뇌가 피로를 덜 받아 자율 신경이 휴식을 취하는 데 도움이 되므로, 불쾌감이나 나른함이 간단히 해소됩니다. 즉 뇌가 초기화 상태가 되는 것이지요.

⑥ 일부러 성큼성큼 걷기

★ 베스트 타이밍

언제나

★ 이럴 때 효과있어요

나른함, 두통, 귀 울림

비 오는 날에는 저기압으로 인해 자연스레 부교감 신경이 활발해지는 탓에 몸이 찌뿌듯해집니다. 이럴 때는 일단 과감하게 부교감 신경 모드를 해제하고 활동 모드로 전환하는 편이 효과적입니다.

여기에서는 간단히 몸을 활동 모드로 바꿔주는 '걷기 법'을 살펴봅시다. 인간의 조상은 이족 보행을 함으로써 뇌를 발달시켜 왔습니다. 즉, 걸을 때 근육에 가해지는 자극이 곧 뇌에 가해지는 자극이었지요.

현대를 살아가는 우리도 마찬가지입니다. 아기는 마치 진화의 과정을 되풀이하듯, 뒤집기에서 시작해 엉금엉금 기다가, 마침내 일어나 걷게 되는 과정을 거치며 점차 근육을 발달시킵니다. 그리고 이때 근육이 받는 자극은 척수 신경(28쪽)을 통해 뇌를 자극하여 뇌의 성장을 촉진하지요. 일어나 걷게 됨으로써 발달하는 근육 중에서 '항중력근'이란 근육군을 자극하면, 비 오는 날에 나타나는 찌뿌둣함을 해소하는 데 큰 효과를 볼 수 있습니다. 그럼, 항중력근을 확실히 자극하며 걷기 위해서는 어떻게 해야 할까요?

핵심은 보폭에 의식을 집중하고 성큼성큼 걷는 것입니다. 구체적으로는 '자신의 신장÷2' 정도의 보폭이 바람직하겠네요. 이 정도로 보폭을 크게 해서 걸으면 항중력근 중에서도 특히 크고 영향력이 강한 엉덩이의 '큰볼기근', 넓적다리의 '넙다리 네 갈래근'과 '햄스트링', 그리고 종아리의 '장딴지 세 갈래근'을 움직일 수 있습니다.

비와 관련된 용품을 고를 때도 반드시 '걷는다'는 사실을 전제로 해야 합니다. 걷기 편한 레인 슈즈나 레인 부츠, 가벼운 우산, 우비, 백팩 등 성큼성큼 걸어도 젖지 않으려면 어떤 용품이 좋을지를 생각해 보세요. 빗속을 걷기가 꺼려지는 분은 실내에서 걸어도 괜찮습니다. 출퇴근 시나 사무실에서는 계단을 적극적으로 이용하시기를 권해 드립니다. 계단을 이용하면 상하 운동도 되므로, 항중력근에 더 큰 자극을 줄 수 있지요.

어쩐지 몸이 나른하다면 일부러 계단을 이용하고 일부러 걸어 보세요. 이렇게 하기만 해도 뇌가 자극을 받아 나른함이 사라지고 머리 또한 상쾌해집니다.

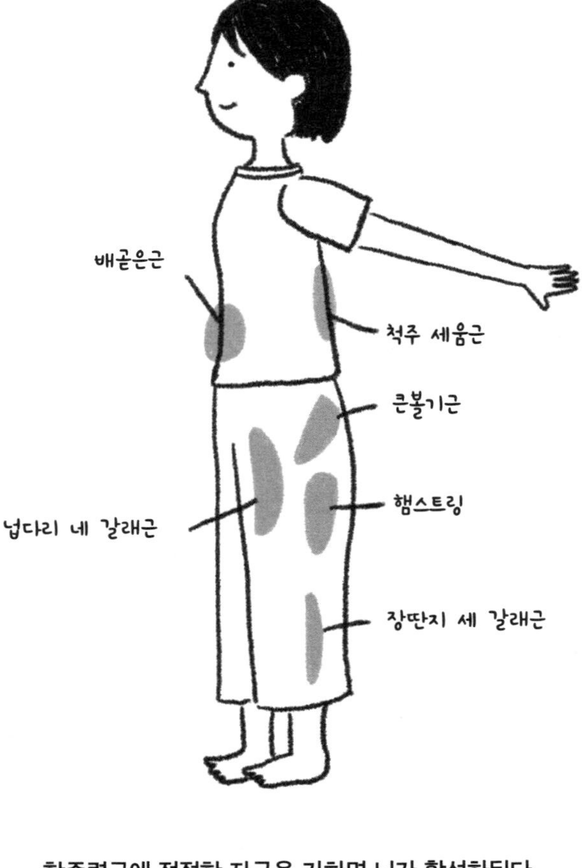

항중력근에 적절한 자극을 가하면 뇌가 활성화된다

쉬어가는 칼럼

깜짝 놀랐을 때 턱이 빠지는 이유는?

뇌와 항중력근이 얼마나 밀접하게 연결되어 있는지는 뇌가 정신적 손상을 받았을 때를 떠올리면 쉽게 이해할 수 있습니다. 흔히 만화에서 깜짝 놀랐을 때, '턱이 빠지는' 식으로 표현하곤 하는데, 이러한 상황은 실제로도 일어납니다. 정신적 충격이 아래턱을 끌어올릴 때 사용하는 '깨물근'이라는 항중력근에 손상을 주는 까닭이지요. 큰 충격을 받으면, 털썩 주저앉게 되거나 다리가 부들부들 떨리는 이유도 뇌의 반응이 그대로 근육에 전달되어 근육이 평소처럼 움직이지 않기 때문입니다.

또 작은 보폭으로 걷는 고령자의 경우, 치매 발병 위험성이 높다는 사실을 아십니까? 작은 보폭으로 걷는 여성의 치매 발병률은 큰 보폭으로 걷는 사람보다 5~6배나 높습니다. 실제로 치매 환자는 보폭이 매우 좁아서, 대개 종종걸음으로 걷지요.

항중력근이 약해지면 걷기나 계단 오르내리기와 같은 일상적인 동작들이 뇌에 지속해서 자극을 주기 어렵습니다. 게다가 움직이기가 두려워지므로 애초에 걷지 않게 되지요. 이런 상황이 거듭되면 결국 뇌 기능이 저하되고 맙니다.

⑦ 호흡법으로 뇌 활성화하기

★ 베스트 타이밍

언제나(가능하다면 하루에 몇 번이라도)

★ 이럴 때 효과있어요

나른함, 졸음

앞에서 '힘내야지!'라고 굳게 마음을 먹어도 자율 신경의 불균형은 해소되지 않는다고 설명했습니다. 그러면 뇌줄기가 자율 신경에 직접 명령을 내리게 함으로써 자율 신경의 균형을 바로잡으려면 어떻게 해야 할까요?

효과적인 방법은 '호흡'입니다. 호흡은 뇌줄기 중에서도 척수와 이어진 '숨뇌(28쪽)'를 활성화하므로, 온몸의 상태를 안정시키는 데 효과적입니다. 요가, 명상, 좌선과 같이 예부터 호흡을 중요하게 여긴 이유는 호흡이 몸 상태를 안정시킨다는 사실을 경험적으로 알고 있었기 때문이지요.

업무 능률이 오르지 않거나, 머리가 멍하거나, 숨이 막힐 것 같을 때는 우선 등을 쭉 펴서 항중력근을 움직이게 한 후, 오른쪽에 소개된 호흡법으로 뇌를 자극해 보세요. 선 채로도 앉은 채로도 할 수 있습니다. '손을 씻고 난 다음에 한다'는 식으로 규칙을 정해 놓으면, 잊지 않고 하루에 몇 번이고 실천할 수 있겠지요.

뇌를 활성화하는 호흡법

1. 평소대로 숨을 들이마신 다음,
복근에 힘을 주고 '후, 후, 후' 3번에 걸쳐 내쉰다.
2. 코로 숨을 들이마신 다음, 입으로 가늘고 길게 내쉰다.
3. 1과 2를 10번 반복한다.

⑧ 닭 가슴살 먹기

★ 베스트 타이밍

식사할 때

★ 이럴 때 효과있어요

피로, 나른함, 자율 신경의 불균형

최근 피로에 관한 연구를 통해 음식물에 피로를 없애 주는 성분이 들어 있다는 사실이 밝혀졌습니다. 바로 '이미다졸 펩타이드imidazole peptide'라는 물질입니다. 이 물질은 특히 닭 가슴살이나 돼지고기, 또는 가다랑어나 참치 등의 붉은 살 생선에 풍부하게 함유되어 있습니다. 철새가 지치지도 않고 계속 하늘을 날거나, 회유어가 끊임없이 바다를 헤엄칠 수 있는 이유가 바로 몸속에 든 이 성분 덕분이지요. 실제로 이 성분을 추출하여 생쥐에게 먹였더니, 지칠 줄 모르는 슈퍼 쥐가 탄생했다는 연구 결과도 있습니다.

그럼, 이미다졸 펩타이드를 섭취하려면 어떤 음식을 먹어야 할까요? 제가 추천하는 식품은 '닭 가슴살'입니다. 닭 가슴살을 100g 먹으면 이미다졸 펩타이드를 1223mg 섭취할 수 있습니다. 닭 가슴살은 가격도 저렴하고 열량도 낮으므로 그야말로 이상적인 식재료이지요.

하지만 안타깝게도 이미다졸 펩타이드를 단 하루 먹은 것만으로는 즉시 피로가 풀리지도, 자율 신경의 불균형이 개선되지도 않습니다. 효과가 나타나기까지는 적어도 '100g을 2주 동안 계속해서 섭취'해야만 하므로, '장마철에는 닭 가슴살을 먹겠다'는 식으로 정해 두는 편이 바람직합니다.

물론, 닭 가슴살 대신에 돼지고기나 붉은 살 생선을 먹어도 좋겠지요. 좀처럼 피로가 풀리지 않을 때, 이 식재료들을 이용해서 저녁 식사를 꾸며 보세요. 꾸준히 먹는 것이 중요하니, 하루 일과 중 언제든 먹을 수 있도록 간식 도시락을 싸 보는 것은 어떨까요? 또 식초가 이미다졸 펩타이드의 흡수를 도와준다고 하니, 식초를 사용한 조리법을 고안하거나 식초에 절인 음식을 곁들여 섭취하는 방법도 좋겠네요. 의무감으로 먹는 것이 아니라 스스로에게 선물을 주듯 즐기며 먹어 보세요.

이미다졸 펩타이드가 많이 함유된 식품 순위

1위 - 닭 가슴살 1223mg

2위 - 돼지 등심 928mg

3위 - 돼지 뒷다릿살 833mg

4위 - 가다랑어 811mg

5위 - 닭다릿살 467mg

(100g 당 기준)

⑨ 식후에 녹차 마시기

★ 베스트 타이밍

식사 후

★ 이럴 때 효과있어요

피로, 나른함, 자율 신경의 불균형

저녁 식사 후에 녹차를 한 잔 마시는 습관도 피로를 줄이고 자율 신경을 안정시키는 데 효과적입니다. 녹차에 든 헥센알hexenal, 일명 '잎 알데하이드'라는 성분이 우리의 몸에 좋은 영향을 주기 때문입니다. 잎 알데하이드는 풀을 뽑을 때 나오는 성분으로, 삼림욕할 때 나는 향기의 성분으로도 알려져 있습니다. 즉 녹차를 마시면 간단히 삼림욕하는 효과를 얻을 수 있는 셈이지요. 페트병에 든 녹차도 있겠지만, 잎 알데하이드의 함유량을 생각하면 잎차를 마시는 편이 좋습니다.

물론 식후에 습관적으로 녹차가 아닌 커피나 홍차를 마시는 것도 좋겠지요. 저기압으로 인해 팽창된 혈관들이 주변 신경을 자극하게 되면 두통이 발생하게 됩니다. 카페인은 혈관 수축 작용이 강하기 때문에 팽창된 혈관을 자극해 두통을 완화시키지요. 어쩌면 어떤 음료를 먹을 것인지 하는 고민에 앞서 차를 만실 만큼의 여유 시간을 확보하고 그 시간을 즐기는 태도가 중요한 것 같습니다.

⑩ 스마트폰이나 TV 멀리하기

★ 베스트 타이밍

잠자리에 들기 전

★ 이럴 때 효과있어요

불면증, 피로, 자율 신경의 불균형

이쯤에서 '비 오는 날 하지 말아야 할 일'을 하나 알려 드리겠습니다. 비 오는 날 밤에는 되도록 스마트폰이나 컴퓨터 사용, TV 시청을 자제해야 합니다. 이러한 기기에서 나오는 강렬한 빛이 교감 신경을 자극하여, 밤에 부교감 신경을 우위에 세우려는 작용을 방해하는 탓입니다.

아침에는 교감 신경이 우위에 서고 밤에는 부교감 신경이 우위에 섬으로써, 우리의 활동과 휴식 리듬이 만들어집니다. 밤에 부교감 신경이 활동하지 않으면 자율 신경이 점점 불균형해져, 좀처럼 잠을 이루기가 어렵습니다. 그리하여 피로가 풀리지 않고 다음 날까지 이어지게 되지요.

비가 오는 날이라면 잠자리에 들기 두 시간 전에는 TV나 컴퓨터, 스마트폰을 멀리하세요. 이런 소소한 행동만으로도 자율 신경의 불균형을 조금은 바로잡을 수 있습니다.

자율 신경 불균형으로 나타나는 증상

신체적 증상

불면증, 두통, 나른함, 허리 통증, 어깨 결림, 목 통증, 등 통증,
수족 냉증, 타액 감소로 인한 입 냄새, PMS(월경 전 증후군),
생리불순, 생리통, 가슴 두근거림, 복통, 미열, 귀 울림, 식욕 부진,
피부가 푸석푸석해짐, 소변이 자주 마려움, 땀을 많이 흘림,
피로가 완전히 풀리지 않음, 아침에 잠자리에서 일어나기 힘듦 등

심리적 증상

우울, 분노, 초초, 불안, 회사나 학교에 가기가 꺼려짐, 집중력 저하 등

⑪ 사진집 보기

★ 베스트 타이밍

잠자리에 들기 전

★ 이럴 때 효과있어요

불면증, 자율 신경의 불균형

바로 앞에서 소개했듯이 컴퓨터나 스마트폰, TV 등을 멀리하면, 뇌가 처리해야 할 정보량을 줄이는 데 도움이 됩니다. 한 사람이 하루에 접하는 정보량은 약 10년 전과 비교해 상당히 많습니다.

현대인이 단 하루 동안 주변으로부터 얻는 정보량은 무려 DVD 2억 9천만 장분에 달한다고 합니다. 이렇듯 많은 정보를 처리해야 하는 뇌는 실로 엄청난 부담을 받는 셈이지요.

비 오는 날에는 가뜩이나 자율 신경이 불안정해지기 쉬우므로, 최소한 잠들기 전만이라도 뇌가 받는 정보량을 의식적으로 차단하는 편이 좋습니다. 하지만 스마트폰도 컴퓨터도, TV조차 켜지 않은 채 그저 가만히 있기란 꽤 고통스러운 일입니다. 그러니 비 오는 날 밤만큼은 전자기기 대신 '사진집'을 보면서 시간을 보내면 어떨까요?

저는 도자기를 좋아해서 제 서재에는 도자기 사진집이 쭉 꽂혀 있습니다. 사진집을 한 장 한 장 넘기는 사이에 저절로 잠이 들지요. 사진집은 정보량이 제한되어 있기 때문에 뇌에 과도한 부담을 주지 않습니다.

단지 비 오는 날을 위해서뿐만 아니라 사진집 보는 습관 자체를 여러분께 권해드리고 싶습니다. 어느 사진집에서나 느낄 수 있는 '유라기揺らぎ'는 자율 신경을 안정시키는 데 효과적이기 때문입니다. 유라기는 '불규칙한 리듬 속에 일정한 법칙이 있다'는 뜻입니다. 우리의 심장 박동이나 맥박

의 리듬 속에도 일정한 유라기가 있습니다.

예전에 오사카 시립대학에서 만성 피로 개선법을 연구하던 중, 저는 재미있는 사실을 발견했습니다. 피로한 사람일수록 심장 박동 간격이 일정해진다는 사실입니다. 실제로 돌연사하기 직전에는 심장 박동의 간격이 거의 일정합니다. 고령자 또한 마찬가지여서 나이를 먹을수록 심장 박동의 리듬은 점점 일정해집니다. 즉 피로하거나 나이가 많을수록 심장 박동 리듬에 유라기가 없지요.

건강한 사람의 심장 박동 리듬에는 유라기가 있으므로, 그 리듬이 미묘하게 어긋나 있습니다. '서기', '앉기' '달리기'처럼 강도가 다른 동작을 할 때 유연하게 대처할 수 있도록 심장이 미리 여분의 폭을 남겨두고 있는 것입니다. 아직 조금 더 시간이 걸리겠지만, 미래에는 심장 박동을 이용해서 마치 혈압을 재듯이 피로도를 객관적으로 측정할 수 있으리라고 생각합니다.

사람에게는 유라기가 내포되어 있으므로, 유라기를 접하면 몸과 마음, 자율 신경이 점차 균형을 되찾게 됩니다. 바람, 벌레 소리, 자그마한 시내에 졸졸 흐르는 물, 햇빛, 별의 반짝임 등, 그야말로 자연계는 유라기로 가득 차 있습니다. 물론 빗소리 역시 유라기에 포함되지요(100쪽). 재미있는 점은 이와 같은 자연계 현상은 물론이거니와 인간이 손으로 만들어 낸 물건에도 유라기가 내포되어 있다는 사실입니다. 제가 흥미를 느끼는 옛 도자기는 전부 손으로 빚은 것이므로, 똑같은 다섯 장짜리 접시 세트조차 그 크기와 형태가 미묘하게 다릅니다. 이 또한 유라기지요.

그러므로 뇌에 유라기를 느끼게 해주고 싶다면, 사진집 감상뿐 아니라 일상생활 속에서 손으로 빚은 식기를 의식적으로 사용하는 방법도 효과적입니다. 유라기를 접함으로써 자율 신경이 점차 안정을 되찾게 될 것입니다.

2장.

비 오는 날이 더욱 쾌적해지는 '체온 저하&축축함' 대책

비 오는 날에는
병에 걸리기 쉽다?

비 오는 날의 가장 큰 특징은 바로 '수분'입니다. 몸이 젖거나 흙탕물이 튀는 일은 매우 흔합니다.

'오늘은 비가 오니까 어쩔 수 없지 뭐.'

누군가는 이렇게 한숨을 내쉴지도 모릅니다.

옷이나 신발이 비에 젖어 손상되는 것 또한 기분을 언짢게 합니다. 비 오는 날에는 이처럼 불쾌감과 불편함을 느끼게 될 뿐 아니라, 높은 습도와 축축한 옷 탓에 체온이 떨어집니다. 이는 우리에게 매우 큰 손실입니다. 체온이 떨어지면 우선 혈액 순환이 나빠집니다. 혈액 순환이 나빠지면 어깨가 결리고 피로해지며 몸이 붓습니다. 또 피부가 푸석푸석해지고 좀처럼 잠을 이룰 수 없는 데다가 설사나 변비에 잘 걸리게 되지요. 여성이라면 생리가 불규칙해지기도 하고요. 체온이 단 1도만 떨어져도 바이러스에 대한 저항력과 면역력은 30%나 떨어진다고 합니다. 즉 몸이 차가워지면 몸 자체가 약해져 버립니다.

건강 면에서만 문제가 생기는 것이 아닙니다. 몸이 차가워지면 신진대사가 둔해지므로 쉽게 살이 찌고, 기미나 주름이 생기며, 피부가 칙칙해져 나이 들어 보이는 원인이 되기도 합니다. 따라서 비 오는 날을 쾌적하게 보내기 위해서는 반드시 체온 저하에 대비해야 하지요.

비 오는 날, 체온 저하를 예방하려면

체온은 '혈액의 온도'라는 사실을 아십니까? 몸속 열은 근육에서 만들어진다고 생각하는 사람이 많은데, 이는 가벼운 착각입니다. 근육 속에는 근섬유의 두 배가 넘는 모세혈관이 그물처럼 얽혀 있습니다. 근육을 움직이면 이 모세혈관에까지 혈액이 지나가므로, 몸이 따끈따끈해지는 것이지요. 겨울철, 달리기를 했을 때 체온이 올라가는 이유는 바로 여기에 있습니다. 몸속 근육의 혈액 순환이 개선되었기 때문입니다.

그러므로 외부 자극으로 몸을 따뜻하게 만들고 싶다면, 대동맥이 지나가는 부분을 따뜻하게 해 주어야 효율적입니다. 즉 어떻게 피를 따뜻하게 하고, 어떻게 혈액 순환을 좋게 할지가 체온 저하 대책의 핵심입니다. 그럼, 비 오는 날 체온 저하를 방지하기 위한 구체적 방법과 근본적인 예방법을 소개하겠습니다.

비 오는 날의 체온 저하 예방법

① 아침밥 든든하게 먹기

우리의 체온은 밤에 잠을 잘 때는 낮게, 낮에 깨어 있을 때는 높게 유지됩니다. 이 체온이 전환되는 계기는 바로 '아침 식사'입니다. 아침밥을 먹으면 항중력근인 깨물근에 자극이 전달될 뿐 아니라 위와 장도 활발하게 움직이기 시작합니다. 이 내장 활동으로 몸에 열이 발생하지요.

그러므로 비 오는 날에는 아침밥을 든든히 먹은 후에 외출하세요. 그러면 내장에서 발생한 열로 외부 영향에 따른 체온 저하에 대처할 수 있습니다.

② 양말을 갈아 신어 발목 온도 유지하기

비 오는 날에 외출할 때는 여분의 양말을 꼭 챙겨 나가시기 바랍니다. 축축한 양말을 신고 있으면 기분이 찝찝하기 때문이기도 하지만, 더 큰 이유는 발목을 따뜻하게 유지하기 위해서입니다.

목, 손목, 발목의 '세 가지 목'이 차가워지면 온몸이 차가워집니다. 반대로 이 부분을 따뜻하게 해주면 체감 온도가 확 올라가지요. 이 '세 가지 목'은 우리 몸의 여느 부위와 달리 대부분 지방이나 근육으로 덮여 있지 않으므로, 특히 외부의 영향을 받기 쉽습니다.

따라서 차가운 것이 닿기만 해도 그 냉기가 온몸을 돌고, 반대로 따뜻한 것이 닿으면 온몸이 따뜻해집니다. 겨울철 추운 시기에 큰 역할을 하는 목도리나 장갑, 부츠 등은 그야말로 이 '목'을 따뜻하게 해 주는 역할을 담당하는 셈이지요.

또 따뜻한 물에 발만 담갔을 뿐인데도 온몸이 따뜻해지는 느낌이 들지요? 이 역시 발목을 따뜻하게 해 주면 온몸이 따뜻해진다는 사실을 증명해 주는 좋은 예입니다. 발목 부근에서 데워진 혈액이 대동맥을 타고 온몸을 순환함으로써 온몸이 효율적으로 따뜻해지는 것입니다.

이 '세 가지 목' 중에서도 특히 비 오는 날, 비에 젖어 차가워지기 쉬운 곳은 빗물이 잘 튀는 '발목'입니다. 수분은 증발할 때 주변의 열을 앗아가므로, 젖은 채로 놔두면 발목이 점점 차가워집니다. 이 차가운 기운이 온몸을 돌아 몸에 문제를 일으키는 사례도 적지 않지요. 따라서 양말이 축축할 때 새 양말로 갈아 신기만 해도 확연히 다릅니다. 젖은 채로 방치하지 않는 것이 비 오는 날, 체온 저하를 막는 지름길입니다.

③ 발목과 발가락 돌리기

발끝이 얼어서 좀처럼 따뜻해지지 않을 때는 '발목 돌리기'와 '발가락 돌리기'를 추천합니다. 온몸의 혈액 순환 개선과 체온 상승이라는 두 가지 효과를 기대할 수 있습니다. 발목이나 발가락을 돌리기만 해도 온몸에 변화가 나타나는 이유는 무엇일까요?

혈관이 갈라지는 포인트가 바로 '관절'이기 때문입니다. 고속도로 또한 대개 분기점을 기점으로 정체되듯이, 관절에서 분기와 합류가 원활히 이루어지지 않으면 혈액의 흐름은 곧바로 정체되어 버리지요. 그러므로 이 '정체'를 일으키는 원인이 되기 쉬운 관절의 혈액 순환을 좋게 해 주면, 관절 주변의 혈액 순환을 개선할 수 있습니다.

게다가 이 효과는 발끝이라는 특정 부위에 그치지 않고 온몸에 영향을 끼칩니다. 예전에 고혈압인 분을 대상으로 병원에서 혈압계를 사용하여 발목을 돌리기 전과 돌린 후의 혈압 변화를 측정한 적이 있습니다.

발목과 발가락 돌리기 운동법

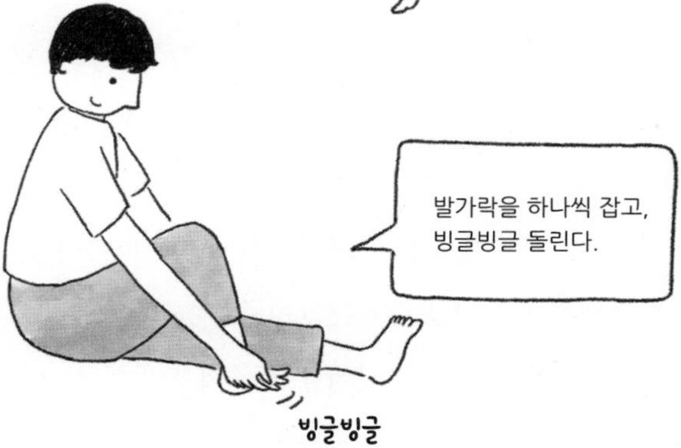

어떤 변화가 일어났을까요?

발목을 돌리기 전과 후의 혈압을 비교해 본 결과, 놀랍게도 실험에 참여한 모든 사람의 혈압이 발목을 돌린 후에 훨씬 낮게 측정되었습니다. 이처럼 단시간에 혈압이 낮아졌다는 사실은 곧 '혈액 순환이 개선되었다'는 뜻입니다. 발목을 움직이는 간단한 동작만으로 온몸의 혈압에 영향을 끼칠 만큼 혈액 순환이 개선된 셈이지요.

또 우리 몸의 특징을 생각했을 때, 혈액 순환을 개선하기 위해서는 말단에 가까운 부위를 움직여 줄수록 훨씬 효과적입니다. 말단까지 막힘없이 혈액이 흐른다면, 그 앞부분은 당연히 혈액 순환이 좋다는 사실을 유추해 볼 수 있습니다.

발가락을 돌리려면 바닥이나 의자에 앉아 손으로 발가락을 잡아야 하므로 나름의 준비가 필요하지만, 발목이라면 언제라도 돌릴 수 있습니다. 사무실 책상 밑에서, 신호를 기다리면서, 지하철 타는 곳에서, 생각이 날 때마다 발목을 안쪽, 바깥쪽으로 빙글빙글 돌리는 습관을 들여 보세요.

참고로 몸의 주요 관절에는 밑에서부터 발목, 무릎 관절, 엉덩 관절, 척주 관절, 어깨 관절, 팔꿈치, 손목 등이 있습니다. 스스로 차갑다고 느끼는 부위 근처의 관절을 돌리면 혈액이 골고루 퍼져 나가 따뜻함을 느끼게 될 것입니다.

④ 단전 따뜻하게 하기

'일회용 핫 팩'은 추운 날에 매우 유용한 물건입니다. 그런데 이 핫 팩을 붙이는 곳에도 요령이 있다는 사실을 아시나요?

제가 권장하는 곳은 '아랫배'입니다. 아랫배에는 '배대동맥'이 있어서, 이곳에서부터 소화기계, 신장, 난소, 배 벽을 향해 각각의 동맥으로 갈라져 나갑니다. 즉 아랫배를 따뜻하게 하면 내장을 포함한 하반신까지도 따뜻해지지요.

예부터 호흡법 등에는 '단전'이란 말이 자주 등장하는데, 단전은 배꼽 밑 5cm 부근의 하복부를 가리킵니다. 이 부근에는 자율 신경이 밀집되어 있어서 혹자는 이곳을 '작은 뇌'라고 부르기도 합니다. 그러므로 아랫배에 핫 팩을 붙이면 자율 신경에 좋은 영향을 줄 수 있습니다.

⑤ 습도 조절하기

비에 젖지 않더라도 비 오는 날에는 쉽사리 몸이 차가워지는 법입니다. 원인은 '높은 습도'에 있습니다. 따라서 습도를 낮추기만 해도 체온 저하를 개선할 수 있습니다. 습도를 조절하는 일이 어째서 우리 몸을 따뜻하게 하는 데 도움이 되는 것일까요?

여름철, 땀을 흘리는 이유는 땀, 즉 수분이 증발하면서 몸의 열을 빼앗아 가기 때문입니다. 고열이 날 때 땀을 흘리는 현상 또한 열을 낮추려는 몸의 작용이지요. 공기 속 수분이 몸에 닿았다가 다시 증발할 때, 우리의 체온을 앗아가는 것입니다. 비 오는 날에는 에어컨을 활용하여 습도를 40~70%로 조절해 두면 좋겠네요.

⑥ 리듬 운동 '스와이 소우'

체온 저하를 예방하기 위한 간단한 운동을 한 가지 소개하겠습니다. 바로 언제 어디서나 할 수 있는 '스와이 소우' 입니다. 몸을 따뜻하게 해 줄 뿐 아니라 행복 호르몬인 '세로토닌(99쪽)'의 분비를 촉진하는 데도 효과가 뛰어난 운동이지요. 동작은 매우 단순하지만, 계속하면 몸이 따끈따끈해집니다. 특히 효과적인 시간대는 낮이나 저녁 무렵입니다. 점심시간, TV를 볼 때 등 자투리 시간을 활용하여 한번 해 보시기를 바랍니다.

스와이 소우 운동법

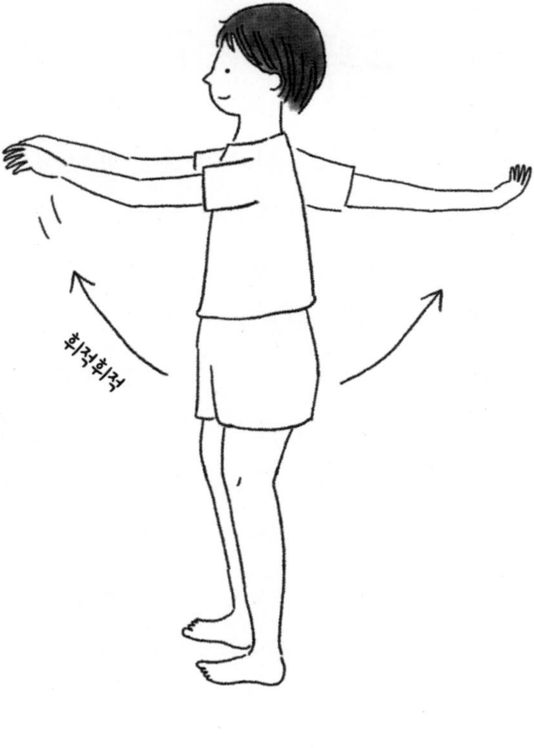

1. 자리에서 일어나 양다리를 조금 벌린다.

2. 무릎의 긴장을 풀고, 팔에 힘을 빼고
리듬을 타면서 자연스러운 속도로 흔든다.

3. 5분 정도에서 시작해 가능하다면 20분 정도 계속한다.

⑦ 30분에 한 번, 자리에서 일어나기

일이나 작업, 독서를 한번 시작하면 몇 시간이나 의자에 앉아서 계속하지는 않습니까? 그 집중력은 칭찬할 만하지만, 온몸의 혈액 순환과 작업 효율을 생각한다면 30분에 한 번, 5초 정도로 충분하니 일단 하던 일을 멈추세요.

사람의 귓속에는 몸의 기울기나 중력을 감지하는 '이석耳石'이라는 자그마한 칼슘 덩어리가 들어 있습니다. 이석은 온몸의 근육 및 자율 신경과 연결되어 있으므로, 이석이 활발하게 움직이면 심장을 비롯한 근육의 활동이 좋아져, 혈액 순환 또한 활발해집니다. 즉 이석을 움직이면 몸을 따뜻하게 만드는 데 도움이 되지요.

이석을 자극하는 가장 간단한 방법은 '30분에 한 번 자리에서 일어나기'입니다. 일어난 김에 간단한 스트레칭을 한다던가, 스와이 소우를 해도 좋습니다. 물론, 제자리에서 일어났다가 곧바로 앉기만 해도 괜찮습니다. 이 정도라면 무언가를 골똘히 생각하면서도 할 수 있고, 주변 사람의 이목을 끌지도 않으니, 꼭 한번 해 보시기를 바랍니다.

쉬어가는 칼럼
비에 젖어도 태연한 독일 사람

가끔 거리에서 비 오는 날 우산을 쓰지 않고 걸어가는 외국인을 봅니다. 그럴 때면 저는 '유럽과 달리 일본은 습도가 높아서 한번 젖으면 좀처럼 마르지 않을 텐데….' 라며 쓸데없는 걱정을 하지요. 하지만 우산을 쓸지 말지는 기후의 문제이기보다 문화적인 영향이 꽤 큰 듯합니다. 최근 저는 독일에 '우리는 설탕이 아니다(그러니 비에 살짝 젖는다고 해도 녹지 않는데, 왜 우산을 쓰는가?)'란 말이 있다는 사실을 알게 되었습니다. 이 정도로 독일에서는 여간해서 우산을 쓰지 않지요.

스페인 여행을 다녀온 지인에게 스페인에서는 소나기를 만나면 길을 건던 사람들이 모두 근처 가게나 레스토랑의 처마 밑에 들어가 비가 그칠 때까지 기다린다는 말을 들었습니다. '비가 내리는 동안에는 당연히 어딘가에서 비가 그칠 때까지 기다려야 한다. 비가 그친 후에 움직여도 괜찮다'라고 생각할 수 있는 시간적 여유가 그저 부러울 따름입니다.

⑧ 미지근한 물에 몸 담그기

천천히 몸을 따뜻하게 하고 싶다면 38~40도쯤 되는 미지근한 물에 20~30분간 몸을 담가 보세요. 부교감 신경 우위 상태가 되어 혈관이 확장되기 때문에 체온 저하를 효과적으로 해소할 수 있습니다.

'뜨거운 물에 몸을 담가야 몸이 더 따뜻해진다'고 생각할지도 모릅니다. 하지만 뜨거운 물은 교감 신경을 자극하여 혈관을 축소하는 탓에 결과적으로 혈액 순환이 나빠집니다. 교감 신경은 몸을 '활동 모드'로 만들어 주므로, 이제부터 활동을 시작할 아침 시간대라면 이 방법도 꽤 권할 만합니다(33쪽). 그러나 저녁 시간대 이후, 욕조에 들어가거나 천천히 몸을 따뜻하게 만들고 싶다면, 미지근한 물에 몸을 담그는 것이 효과적입니다.

⑨ 유산소 운동으로 근육 풀기

몸을 움직이지 않으면 근육의 혈액 순환이 나빠집니다. 즉 평소에 운동 부족인 사람일수록 몸이 쉽사리 차가워진다는 뜻이지요. 하지만 비 오는 날에는 몸을 움직일 장소를 찾는 데도 꽤 애를 먹습니다. 그러므로 운동 부족이 되지 않도록 평소에 의식적으로 유산소 운동을 해 두시기를 권장합니다. 본래 웬만해서는 차가워지지 않는 몸을 만드는 것이 곧 최고의 예방책이니까요.

유산소 운동에는 걷기, 달리기, 수영 등이 있습니다. 이 중에서도 가장 부담 없이 할 수 있는 운동은 걷기입니다. 특별한 도구가 필요하거나 비용이 들지도 않습니다. 일부러 시간을 내지 않아도 언제 어디서나 할 수 있는 운동이지요. 출근할 때 버스나 지하철에서 조금 일찍 내려 회사까지 걸어가는 등 조금만 궁리하면 일상생활 속에서 간단히 실천할 수 있지요.

앞에서 소개했듯이 걸을 때는 성큼성큼, 보폭은 '자신의 신장÷2' 정도를 유지하세요. 이 정도로 보폭을 크게 해서 걸으면 항중력근이 단련됩니다. 체온 저하에 대비하기 위해서라도 걸을 때는 팔을 앞뒤로 크게 흔드는 등, 상반신을 많이 움직여야 한다는 사실을 꼭 기억해 두세요.

쉬어가는 칼럼
튼튼하고 따뜻한 몸을 만들자

우리는 몸에 어떤 문제가 생겼을 때, 이에 대처하려고 합니다. 이는 매우 자연스러운 행동이지만, 본래 문제가 생기지 않도록 하는 편이 가장 바람직하겠지요. 예방이야말로 최선의 대

책이니까요. 여기에서는 한발 더 나아가 '건강한 몸', '따뜻한 몸'을 만드는 습관을 생각해 봅시다.

한 예로, 비만 오면 머리가 지끈거린다고 호소하는 사람이 많습니다. 전문가도, 대응책도, 약의 종류 또한 셀 수 없을 만큼 많지요. 이 책에서도 카페인을 섭취하는 방법을 비롯한 두통 예방법을 몇 가지 소개했습니다. 하지만 이 방법들은 모두 두통에 시달리고 난 다음에 하는 '대증 요법'입니다. 즉 겉으로 나타난 증상에 대응하여 처치하는 것일 뿐, 근본적인 예방법은 아니지요.

비 오는 날에 머리가 지끈거리는 것은 평상시 생활 습관의 영향이 큽니다. 두통을 근본적으로 없애고 싶다면, 반년 정도를 목표로 잡고 자율 신경의 균형을 잡아 주는 다음의 생활 습관을 실천해 보세요.

- 따뜻한 음료 마시기
  여름철에 차가운 음료를 과도하게 섭취하지 않도록 특히 주의하세요!

- 미지근한 물에 느긋하게 몸 담그기
  샤워만 하는 사람도 욕조에 몸을 담그는 습관을 들이세요.

· 호흡이 거칠어지지 않을 만큼 운동하기

무리하지 않는 선에서 스와이 소우(68쪽), 손발 털기(32쪽) 등을 해 보세요.

· 아침밥 꼭 먹기

체온을 올리는 데 도움이 됩니다(61쪽).

· 냉방 온도는 26~27도로 유지하기

온도를 너무 낮추지 마세요.

· 실내 습도 조절하기

40~70%가 적절합니다(67쪽).

· 이석 활용하기

30분에 한 번, 자리에서 일어나세요(70쪽).

가장 바람직한 두통 예방법은 생활 습관을 개선하여 비만 오면 머리가 지끈거리는 증상에서 빠져나오는 일입니다. '두통 예방 저금'을 한다는 마음으로, 비 오는 날이든 화창한 날이든 날씨에 상관없이 할 수 있는 일부터 시작해 보세요.

3장.
비를 좋아하게 되려면?
비 오는 날의 스트레스 해소법

왜 비가 온다는 사실만으로 스트레스를 느낄까?

지금까지는 주로 기압 변화와 체온 저하에 따른 신체적 증상 및 불쾌감에 대처하는 법을 설명했습니다. 앞에서 소개한 방법을 실천해 몸 상태가 좋아지기만 해도 어떤 분은 비 오는 날이 더는 우울하지 않겠지요.

한편, '몸은 둘째 치고 마음이 무겁다'고 호소하는 분도 있습니다. 비가 온다는 사실만으로 스트레스를 느끼는 사례입니다. 확실히 화창한 날을 기준으로 생각하면, 비 오는 날에는 스트레스를 일으킬 만한 요소가 매우 다양합니다. 여태까지 소개한 기압 변화, 습기, 체온 저하 등으로 외출하기가 귀찮고, 젖은 옷 때문에 불쾌감을 느낄지도 모릅니다. 잘 마르지 않는 빨래에서 나는 꿉꿉한 냄새 때문에 언짢은 기분이 들기도 하지요.

그 결과, 비에 대한 부정적인 감정이 생겨나고, 때때로 분노나 갈등이 일어나서 마음의 균형을 잃게 됩니다. 흔히 '스트레스는 만병의 근원'이라고 하는데, 실제로도 그렇습니다. 제때 풀지 못한 스트레스는 혈액 순환 장애, 체온 저하, 자율 신경 불균형의 원인이지요. 그러므로 3장에서는 '비와 스트레스'에 초점을 맞춰서 살펴보겠습니다.

'스트레스'라는 말이 스트레스 해소를 방해한다?

'스트레스'라는 말은 이제 일상적인 말이 되었습니다. 아마 여러분도 평소 대화 속에서 자연스럽게 사용하겠지요. 그만큼 스트레스는 '우리의 생활과 떼려야 뗄 수 없는 것' 또는 '아무리 노력해도 결국 쌓이고 마는 어쩔 수 없는 것'으로 여겨지고 있지요.

하지만 좀 더 자세히 들여다보면 스트레스에 관해 오해하고 있는 부분이 있습니다. 때문에 본래 자연스럽게 해소해야 할 스트레스가 계속 쌓이는 일도 많지요.

올바른 이해로 스트레스를 자연스럽게 해소한다

여러분은 스트레스 그 자체와 스트레스를 일으키는 원인을 동일시하지 않습니까? 사실 스트레스를 해소할 때는 '스트레스를 일으키는 원인(=스트레서)'과 '스트레스 그 자체(=스트레스)'를 따로 떼어서 생각하는 것이 중요합니다. 스트레서stressor란 '스트레스로 이어지는 자극 그 자체'를 가리킵니다. 이 책에서 다루는 내용 중에서는 비에 동반되는 기압 변화, 습기 등이 해당하지요. 스트레서는 크게 다음의 네 가지로 분류됩니다.

물리적 스트레서 날씨, 더위 · 추위, 빛, 소음, 장시간 노동 등	**과학적 스트레서** 알코올 등의 의존증, 미세먼지, 꽃가루, 산소 결핍, 영양 부족 등
생물학적 스트레서 고질병, 부상, 바이러스나 병원균의 침입 등	**심리 · 사회적 스트레서** 인간관계 · 업무에서 비롯된 고민, 미래나 경제 상태에 대한 불안 등

스트레서가 지나치게 많은 듯하지만, 아직 실망하지는 마세요. 이 스트레서가 반드시 스트레스로 직결되지는 않으니까요. 스트레서는 대부분 이를 스트레스라고 느끼는 사람과 그렇지 않은 사람으로 나뉩니다. 스트레스라고 느끼지 않는 사람에게 스트레서는 '단순한 자극'일 뿐이지요.

똑같은 스트레서에 직면해도 이를 스트레스라고 느낄지 그렇지 않을지는 사람에 따라 다릅니다. 이렇게 생각하면, 많은 사람이 스트레스라고 호소하는 '인간관계'나 '일' 자체는 사실 스트레스가 아니라 '심리·사회적 스트레서'에 지나지 않는다는 말이 됩니다. 따라서 '비=스트레스', '인간관계=스트레스', '일=스트레스'라는 등식은 성립하지 않으며, 각각은 '스트레서'일 뿐이지요. 이 두 가지 사실을 깨닫는 것은 스트레스를 치료할 때 가장 중요합니다.

앞으로 과학이 아무리 발달해도 스트레서는 절대 사라지지 않습니다. 날씨나 기압 변화도 지구 환경 그 자체이므로 없애기란 불가능합니다. 인간관계는 절대로 사라지지 않으며, 평생 병에 걸리지 않고 살 수도 없는 노릇이지요. 게다가 비가 내리지 않으면 오히려 이 상황이 새로운 스트레스가 됩니다. 따라서 '스트레서'에 대처하려 해도 생각만큼 잘 되지 않습니다.

하지만 '스트레스 그 자체'에는 대처할 수 있습니다. 스트레스는 '뇌의 일그러짐'으로 정의할 수 있기 때문입니다. 뇌가 일그러진 탓에 스트레서를 스트레스라고 느끼는 상황이야말로 우리가 해결해야 할 과제입니다.

스트레스는 사실 '뇌의 일그러짐' 증상이었다

자세히 살펴보면, 스트레스는 뇌의 여러 부위 중에서도 '뇌줄기(28쪽)'가 일그러진 탓에 일어나는 증상입니다. 이 뇌줄기를 작은 고무공이라고 생각해 보세요. 외부로부터 스트레서라는 압력이 가해지면 고무공은 찌그러지겠지요. 고무공에 탄력이 있을 경우 압력, 즉 스트레서가 멀어지면 곧 원래의 모양으로 돌아옵니다. 하지만 이 공이 탄력을 잃었을 경우에는 원래대로 돌아오지 않고 계속 찌그러진 상태로 있습니다. 이것이 바로 우리가 느끼는 이른바 '스트레스' 상태이지요. 이 찌그러진 고무공 상태가 지속되면 몸과 마음에 갖가지 악영향이 나타납니다. 스트레서, 즉 외부 영향으로 인해 일그러진 뇌줄기가 원래의 상태로 회복될 탄력을 잃어 내부에 정체 현상이 일어나는 것이지요. 뇌줄기는 다음과 같은 역할을 관장합니다.

· 자율 신경　· 내분비계(호르몬)　· 면역　· 근육

따라서 뇌줄기에 이상이 생기면 이 기능들이 제 역할을 못하게 되는 것입니다. 스트레스 치료 전문가의 목표는 일그러진 고무공(뇌줄기)을 원래의 둥근 상태로 되돌리는 일, 그리고 외부로부터 압력을 받더라도 유연하게 자신의 힘으로 원래의 모습을 되찾을 수 있도록 도움을 주는 일입니다. 스트레스 치료의 본질은 바로 여기에 있습니다.

스트레스를 해소하려면 '뇌의 일그러짐'부터 바로잡자

앞에서 이야기한 것을 토대로 스트레스를 다시 살펴볼까요? 스트레스는 뇌줄기가 일그러진 상태를 의미합니다. 때문에 뇌줄기가 관장하는 각 기관들이 제대로 작동하지 않아, 호르몬이나 자율 신경, 면역, 근육의 각 시스템이 불균형해진 상태이지요. 1930년, 캐나다의 한스 세리에 박사는 '스트레스 학설'에서, 스트레스를 '몸 안에 일어나는 어떤 상태를 의미하는 말'로 정의했습니다. 스트레스를 신체 내부의 문제로 본 것이지요.

그럼, 스트레스의 본질을 이해한 시점에서 문제를 하나 내겠습니다.

다음은 여러분이 스트레스(실제로는 스트레서)를 느꼈을 때 흔히 사용하는 스트레스 해소법입니다. 이 중에서 정말로 효과가 있는 방법은 무엇일까요? 한번 생각해 보세요.

· 수다　· 쇼핑　· 여행　· 음주　· 수면

답을 찾으셨나요? 사실 여기에는 스트레스 해소에 효과적인 방법이 없습니다. 예로 든 방법은 모두 일시적으로 스트레서를 회피하거나 잊으려 하는 것에 지나지 않으니까요. 일에서, 인간관계에서, 또 장마철에 자신이 사는 곳에서부터 한 발자국 물러나 있을 뿐이지요. 영원히 이 스트레서를 회피할 수 있다면 좋겠지만, '일'과 '인간관계' 모두 쉽사리 그만두기란 무척 어려운 법입니다. 그리고 본디 스트레서를 회피하기만 해서는 스트레스 그 자체(뇌줄기의 일그러짐)에 대처할 수도 없지요.

그럼, 대체 우리는 어떤 식으로 스트레스에 대처해야 할까요?

스트레스 지수를 판정해주는 '제자리걸음 테스트'

자신의 스트레스가 어느 정도인지를 측정하는 방법이 있습니다. 바로 '제자리걸음 테스트'입니다. 눈을 감고 그 자리에서 제자리걸음을 해, 몸이 얼마나 '회전' 또는 '이동'했는지를 측정합니다.

뇌는 두개골 속, '뇌척수액'이란 액체로 가득 찬 공간에 '떠' 있습니다. 뇌는 평소에 조금씩 흔들리면서 적절한 균형을 유지하고 있지만, 뇌줄기의 기능이 떨어졌을 때, 즉 노화나 피로, 스트레스가 강하면 이 진동도 커집니다.

눈을 감고 제자리걸음을 했을 때, 우리의 몸이 앞으로 이동하거나 회전하는 이유는 이 진동 때문입니다. 큰 진동으

로 공간 인지 능력이 저하된 탓이지요. 그럼, 즉시 스트레스 지수를 측정해 봅시다

스트레스 지수를 측정하는 제자리걸음 테스트

우선 넓은 공간을 확보하세요. 피로감이 심한 사람은 10m 이상 이동할 수도 있으므로, 계단 근처와 같이 좁고 장애물이 있는 곳에서는 절대로 해서는 안 됩니다. 누군가 옆에 지켜봐 주는 사람이 있으면 안심하고 할 수 있겠지요.

굽이 높은 신발이나 잘 벗겨지는 슬리퍼도 피하세요. 맨발이나 양말이 바람직합니다. 드물지만 운동 신경이 좋아 제자리에서 회전해서 원래 위치로 돌아오는 분도 있으니, 혼자서 할 때는 스마트폰으로 녹화를 해 두는 편이 좋겠네요.

이 테스트로 다음과 같은 변화가 나타났다면 강한 스트레스를 받고 있다는 뜻입니다.

· 몸의 방향이 45도 이상 바뀌었다

· 1m 넘게 앞으로 이동했다

1. 선 자리에 표시한다.

2. 그 자리에서 10~20회 정도 제자리걸음을 한다.

3. 리듬을 탔다면 눈을 감고 그 자리에서 제자리걸음을 100회 한다.

65세 미만이라면 몸의 방향이 45도까지 회전하는 것은 정상, 90도 이상은 위험 수준입니다. 65세 이상인 경우, 180도 이내라면 괜찮습니다.

요전에 이 검사를 했더니 한 40대 여성분께서 10m나 더 앞으로 이동했습니다. 본인은 '제자리에서 걸은 것 같은데….'라며, 당혹감을 감추지 못했지요. 그분은 이런 이야기를 들려주었습니다.

"지난 주말, 아이 셋을 학원에 데려다주었다가 학원이 끝난 후 다시 데려왔고, 친구의 발레 발표회를 보러 갔어요. 또 마을 축제도 도우러 갔죠…. 일할 때보다 훨씬 피곤하더라고요."

아무리 즐거운 행사일지언정 뇌줄기에는 단지 스트레서일 뿐입니다. 뇌줄기가 일그러지는 원인이지요. 또 우울증을 앓고 계신 분은 뇌 기능이 저하된 탓에 테스트했을 때, 대개 크게 움직입니다.

한 번 테스트해서 결과가 나왔다면, 3~4일 후 같은 시간대에 다시 한 번 테스트해 보세요. 시간대에 따라서 뇌의 피로도나 스트레스가 쌓인 정도가 다르므로, 되도록 같은 시간대에 하는 편이 좋습니다.

이 테스트 결과로 뇌의 노화도까지 알 수 있습니다. 실버타운에서 실시했을 때는 모두 군대처럼 앞으로 이동해서 저도 깜짝 놀랐습니다. 요즘에는 초등학생에게도 이 테스트를 하는데, 30%가 넘는 아이들이 회전하거나 앞으로 이동했습니다. 초등학생 역시 상당한 스트레스를 받는다는 뜻이겠지요.

이 테스트에서 앞으로 이동하신 분은 이제부터 소개할 스트레스 해소법을 꼭 실천해 보시기 바랍니다.

비 오는 날의 스트레스 해소법

① 턱 스트레칭으로 스트레스 직접 풀기

스트레스가 '뇌줄기의 일그러짐 현상'이란 사실을 이해하면, 필요할 때 스스로 대처할 수 있습니다. 앞에서 설명했듯이 우리 인류는 항중력근을 사용해 뇌를 발달시켜 왔습니다(42쪽). 항중력근은 뇌와 직접 연결되어 있지요. 일그러진 뇌줄기를 직접 만질 수는 없는 노릇이니, 대신에 항중력근을 사용해 뇌줄기를 건강하게 만듦으로써 스트레스를 해소합시다.

지금부터 항중력근에 긴장과 이완의 자극을 줌으로써, 뇌줄기의 혈액 순환을 개선시키는 방법인 '호메오 스트레칭 homeo stretching'을 몇 가지 소개하겠습니다.

우선 얼굴에 있는 항중력근인 '깨물근'을 이용한 호메오 스트레칭을 소개하겠습니다. 호메오 스트레칭은 사무실이나 화장실에서도 할 수 있을 만큼 간단합니다. 입을 벌렸을 때 확실하게 긴장시키고 다물었을 때는 단숨에 이완시키는 것이 핵심입니다. 긴장에서 이완으로, 근육의 자극이 뇌줄기에 전달되면 혈액 순환이 좋아지고 자율 신경도 균형을 이루게 됩니다.

얼굴 근육을 자극하는 턱 스트레칭

1. 입을 크게 벌린다.

2. 단숨에 긴장을 풀고 입을 다문다.
5초 정도 이완시켰다면 다시 한 번 입을 크게 벌린다.

3. 1, 2를 10~15회 반복한다.

② 뇌의 일그러짐을 바로잡는 넓적다리 스트레칭

인간의 이족 보행을 가능하게 해준 넓적다리 근육(넙다리 네 갈래근)은 뇌와 밀접하게 연결된 근육입니다. 이 근육에 자극을 주어 뇌줄기의 일그러짐을 해소합시다. 이 방법 또한 호메오 스트레칭입니다. 이 스트레칭을 하면 뇌줄기의 혈액 순환이 좋아집니다.

방법은 간단합니다. 의자에 앉아서도 할 수 있으므로, 교실이나 사무실에서 어쩐지 '피곤하다'는 느낌이 들 때 실천해 보시기 바랍니다. 핵심은 '약한 압력'을 가해야 한다는 점입니다. 절대 뼈가 느껴질 정도로 세게 눌러서는 안 됩니다. 가볍게 '스칠' 정도의 힘(4~7kg)이라고 기억해 두세요.

'5초간 유지하기(정지)'가 긴장, 그 후에 '천천히 손 떼기'가 이완에 해당합니다. 호흡법도 기억해 두시기 바랍니다. 압력을 줄 때는 입으로 숨을 내쉬고, 이완할 때는 코로 숨을 들이마시는 순서입니다. 넓적다리에 가해지는 긴장에서 이완으로의 자극은 그대로 뇌줄기에 전달되어 스트레스인 뇌줄기의 일그러짐을 해소해 줍니다.

넓적다리 근육을 자극하는 스트레칭

1. 왼쪽 넓적다리가 시작되는 부분에 오른손을 대고,
왼손을 그 위에 포갠다.
2. 입으로 숨을 내쉬면서 천천히 약한 압력을 가한다.
3. 숨을 멈추고 5초간 정지한 다음,
코로 숨을 들이마시면서 천천히 손을 뗀다.
4. 좌우에 3세트씩 한다. 오른쪽 넓적다리를 스트레칭할 때는
포개는 손의 순서를 반대로 한다.

③ 간단! 눈썹 스트레칭

이번에는 시간이 없을 때, 통근 전철 안, 병원 대기실처럼 어느 곳에서나 할 수 있는 호메오 스트레칭을 소개하겠습니다.

눈썹을 치켜세웠을 때 확실히 긴장시키고 내렸을 때는 단숨에 긴장을 풉니다. 근육에 가해지는 긴장에서 이완으로의 자극이 뇌줄기에 전달됩니다.

눈썹 스트레칭

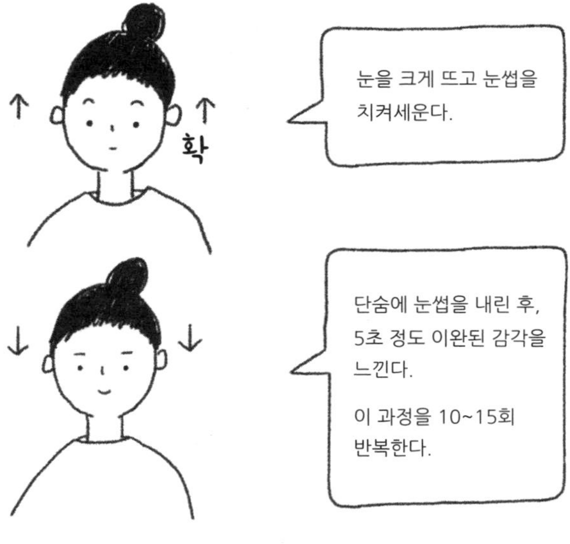

④ 엔도르핀 내 편으로 만들기

일명 '행복 호르몬'이라 불리는 '엔도르핀'은 스트레스 관리에 중요한 호르몬으로, 스트레스 내성을 높이고 통증을 가라앉히는 데 효과적입니다. 우리가 나른한 행복감을 맛보는 것도 엔도르핀의 작용 덕분이지요. 엔도르핀은 부교감 신경이 우위에 섰을 때 왕성하게 분비되니, 그야말로 '비 오는 날 호르몬'이라고 말해도 과언이 아닙니다.

그러므로 본래라면, 우리는 비가 온다는 사실만으로도 엔도르핀 분비 덕에 나른한 행복감을 맛보아야 합니다. 하지만 우리가 비 오는 날 행복감을 맛보지 못한다는 것은 그만큼 스트레스가 강하다는 뜻이지요. 뇌줄기는 호르몬 분비를 관장하는 뇌이므로, 뇌줄기가 일그러진 스트레스 상태일 때는 당연히 엔도르핀이 충분하게 분비되지 않습니다.

그리하여 여기에서는 의도적으로 엔도르핀을 만들어 내는 방법을 생각해 보고자 합니다. 방법은 '스킨십'입니다. 다른 사람을 쓰다듬어 주거나 혹은 누군가가 나를 쓰다듬어 주었을 때, 기분이 좋아지는 이유는 엔도르핀이 분비되는 덕분입니다. 상대방이 긴장했을 때, 우리는 등을 쓸어 주거나 어깨를 토닥토닥 두드려 주는데, 이는 상대의 마음이 안정되도록 엔도르핀 분비를 촉진하는 행위지요. 그러므로 비 오는 날에 의식적으로 사람들과 스킨십할 기회를 만드는 것은 꽤 괜찮은 방법입니다.

아이들과 스킨십하는 횟수를 늘려도 좋습니다. 머리를 쓰다듬어 주거나 잠을 잘 때 등을 쓸어 주면, 부모와 아이 모두 마음이 안정될 것입니다. 물론 파트너와 관계를 하는 방법도 좋지만, 섹스는 엔도르핀을 늘린다는 취지에서는 조금 벗어납니다. 남성의 경우, 애무 단계에서는 부교감 신경이 우위에 서지만, 사정 시에는 교감 신경이 우위에 섭니다. 그리고 그 후, 피로가 한꺼번에 몰려오지요. 따라서 평온한 행복감을 지속시키려는 목적으로 스킨십을 한다면, 단지 함께 꼭 붙어 있거나 몸을 어루만져 주는 정도가 적당합니다.

어쩌면 애완동물과 함께 시간을 보내는 방법이 가장 좋을지도 모르겠네요. 고양이나 강아지를 많이 쓰다듬으면 엔도르핀이 퐁퐁 솟아납니다. 연애 대상과 다르기 때문에 상대에게 무언가를 요구하지도 않고, 상대에게 불만을 느껴서 대뇌새겉질이 과도하게 활동할 일도 없으므로, 순수한 행복감에 빠질 수 있지요.

스킨십할 상대가 가까이에 없더라도 전혀 걱정하지 마세요. 사실 앞에서 설명한 호메오 스트레칭만으로도 엔도르핀을 만들어 낼 수 있습니다. 달리기할 때 경험하는 황홀감이나 도취감 즉, '러너스 하이Runner's High'의 정체 또한 엔도르핀입니다. 이처럼 엔도르핀은 비 오는 날에 생기는 두통에도 효과적일 뿐 아니라, 온갖 고통을 누그러뜨려 주는 호르몬입니다.

⑤ 리듬 운동으로 세로토닌 분비 촉진하기

세로토닌은 스트레스를 극복하는 데 도움을 주는 뇌 속 물질로, 우리에게 만족감과 행복감을 가져다 줍니다. 반대로 세로토닌이 부족하면 짜증이 나거나 우울해질 수도 있으므로 주의해야 하지요. 참고로 세로토닌은 장腸에서도 만들어지지만, 이 세로토닌은 뇌에 영향을 끼치지는 못합니다.

뇌 속 세로토닌은 '간단한 리듬 운동'으로 퐁퐁 샘솟게 할 수 있습니다. 흔히 '우울할 때는 많이 걸으면 좋다'고 말하는 이유도 여기에 있지요. 20분 정도 걸으면 스트레스가 한층 가벼워집니다. 그렇다고는 해도 비 오는 날에 밖에 나가 걷기란 여간 힘든 일이 아닙니다. 따라서 비 오는 날에는 세로토닌 분비에 효과가 뛰어난 데다가 제자리에서도 할 수 있는 '스와이 소우'(68쪽)를 추천합니다.

앞서 소개한 호메오 스트레칭도 세로토닌 분비에 도움을 줍니다. 뇌가 건강해질 뿐 아니라 몸까지 따뜻해져서 체온 저하에 대비할 수 있고, 면역력도 높아지지요. 스스로 만들어 낼 수 있는 엔도르핀과 세로토닌의 힘을 빌려, 비 오는 날을 더욱 느긋하고 쾌적하게 보내시기 바랍니다.

⑥ 빗소리에 귀 기울이기

비 오는 날에 느끼는 스트레스를 치료할 때, 강력하게 권장하는 방법이 있습니다. 바로 '빗소리 듣기'입니다. 빗소리는 유라기(56쪽)를 내포한 천연의 치유 음악입니다. 창문에 부딪히는 빗방울 소리, 비를 맞아 사부작거리는 나뭇잎 소리… 비가 오는 날, 들려오는 빗소리를 그저 조용히 들어보세요.

빗소리의 리듬은 직접 '사이뇌'에 영향을 끼칩니다. 사이뇌는 '시상'과 '시상하부'를 포함하는 뇌로, 넓은 의미에서는 뇌줄기에 들어갑니다. 시상은 뇌와 몸이 받아들인 감각

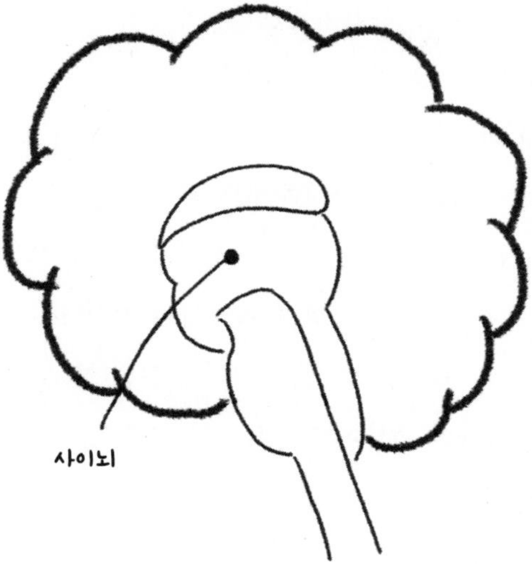

빗소리는 '사이뇌'를 기분 좋게 만든다

정보가 모이는 곳, 시상하부는 혈관과 내장, 호르몬을 다루는 자율 신경 중추입니다.

빗소리의 리듬은 사이뇌를 직접 활성화하여 우리가 건강을 회복하는 데 큰 도움을 줍니다. 즉 빗소리에 귀를 기울이면 사이뇌가 반응하여 자율 신경이 점차 안정을 되찾지요. 빗소리가 어쩐지 기분 좋게 느껴지는 데에는 그럴만한 이유가 있었던 셈입니다.

오늘날처럼 치유 음악이 없던 태곳적에는 돌이나 나무를 두드리며 리듬을 만들어 냈습니다. 이와 같은 리듬을 들으면 '몸과 마음에 무언가 좋은 일이 있다'는 사실을 경험을 통해 알고 있었던 듯합니다. 질병과 죽음을 걱정하고 불안하게 여겼던 것은 어느 시대나 매한가지였습니다. 먼 옛날에는 죽음이 지금보다 훨씬 가까이에 있었으니, 어쩌면 고대인들은 이러한 불안에서 벗어나기 위해 절실한 마음으로 리듬을 만들어 냈는지도 모릅니다. 과학적 지식은 없었지만, 리듬이 뇌를 활성화해 결과적으로 몸과 마음을 활기차게 만든다는 사실을 알고 있었던 것이 아닐까요.

일본의 하이쿠 시인 산토카는 이런 시를 남겼습니다.

산이 있거든 산을 보고
비가 오면 빗소리를 듣네
춘하추동
내일도 좋지
엊저녁도 좋지

〈산행수행〉, 《산토카 하이쿠집》
원제: 〈山行水行〉, 《山頭火句集》

바쁜 일상생활 속에서도 인간에게는 '빗소리를 듣는다'는 감각이 깃들어 있다는 사실을 부디 떠올리시기 바랍니다.

⑦ '자기 성장 작업'으로 마음 들여다보기

정원을 정기적으로 손질해 주어야 하듯이 우리의 마음 또한 손질이 필요합니다. 내버려두면 잡초가 무성해지는 것은 정원도 마음도 매한가지니까요. 부교감 신경이 우위에 서는 비 오는 날의 이점은 우리 마음이 '수용 모드'가 된다는 점입니다.

교감 신경과 부교감 신경은 스위치 전환을 통해 몸과 마음을 조절해 나갑니다. 교감 신경은 '전투 모드'입니다. 몸의 에너지가 '바깥일'에 사용되므로, 일을 척척 해내려면 교감 신경이 우위인 편이 좋지요. 따라서 앞으로 활동해야 하는 아침에는 보통 교감 신경 우위 상태입니다.

한편 부교감 신경은 '수용 모드'입니다. 저녁 무렵부터 우위에 서는 이유는 밤에는 몸도 마음도 긴장을 풀고 느긋하게 휴식을 취해야 하기 때문입니다. 그러니 모처럼 수용 모드가 되는 비 오는 날에는 마음을 손질해 보는 건 어떨까요?

손질 방법은 고민에서 한 발자국 물러서는 것입니다. 고민 자체와 직접 마주 보라는 말도, 해결하려 시도하라는 말도, 잊으라는 말도 아닙니다. '바나나에 대해 생각하지 말라'는 명령을 받으면 머릿속이 오직 바나나에 대한 생각으로만 가득 차듯이, '~하지 않겠다'고 노력하기란 어려운 법입니다. 그러므로 고민과 전혀 다른 일을 해서 마음을 정리해야 합니다.

이 방법이 바로 '비 오는 날의 자기 성장 작업'입니다. 마음을 정리정돈할 수 있으므로 자신의 존재를 되돌아보는 계기가 되지요. 지금 당장 다음 페이지에 있는 표를 채워 보세요. 이 책에 직접 써넣어도 좋고, 휴대 전화나 컴퓨터에 입력해도 괜찮으니, 어찌 됐든 글로 한번 써 보는 것입니다. 비 오는 날에는 부교감 신경이 우위에 서서 자신을 수용할 수 있는 힘이 커지므로, 화창한 날에 할 때보다 작업이 더욱 순조롭게 이루어집니다.

저는 이 작업을 상담에도 도입했는데, 상당히 많은 분이 '이 작업을 하기 잘했다'는 소감을 들려주었습니다. 이 작업을 하면, 특히 '인간관계가 개선됨'을 실감할 수 있습니다. '상대에게는 그 사람 나름의 사정이 있다는 사실을 깨달았다'란 이야기를 자주 듣지요. 실제로 이혼하기를 원했던 한 여성은 작업 후에 남편과의 사이가 극적으로 개선되어, 지금은 부부 사이에 사랑이 넘친다고 합니다. 이와 같은 결과에 오히려 제가 더 놀랐습니다. 이 분은 계속 '남편의 모든 점이 용서되지 않는다'라고 했는데, 작업을 하면서 그 원인이 남편이 아닌 자신에게 있다는 사실을 깨달은 듯합니다. 그리고 자신의 인생을 더욱 소중히 가꾸어 나가야겠다고 다짐하게 되었다고 합니다. 또 과거의 실패를 긍정적으로 받아들이게 된 분도 많습니다. 그분들은 상담이 끝난 후 저에게 아래와 같은 말을 해 주었지요.

'취업에 실패한 덕분에 그 후 더 열심히 노력했다.'
'실패에서 용기를 얻어 오히려 일이 잘 풀렸다.'

자기 성장 작업 내용을 살펴보면, 과거의 일을 긍정적으로 느낄지 여부는 현재의 자신을 수용하느냐에 달려있다는 사실을 알 수 있습니다. 그러니 수용 모드가 되는 비 오는 날을 '자기 성찰의 날'로 정해 보세요. 비 오는 날은 내적 성찰을 하기 좋을 뿐 아니라 빗소리 또한 우리 마음을 편안하게 해 줍니다. 그러니 모처럼 비가 오는 날에는 빗소리를 들으면서 '자기 성장 작업'에 몰두해 보면 어떨까요?

비 오는 날에 하는 자기 성장 작업

▶ 빈칸을 채워 보세요

상대가 내게 해 준 일 ______________________

내가 상대에게 해 준 일 ______________________

만족스러운 점 ______________________

만족스럽지 못한 점 ______________________

하루 중 가장 기대되는 일 ______________________

하루 중 가장 불쾌한 일 ______________________

현재의 나 ______________________

내가 원하는 나 ______________________

목표와 우선순위 ______________________

그 과정 ______________________

최근 달라진 점

앞으로의 목표

---

⑧ 비에 얽힌 부정적 감정 초기화하기

한 가지 일을 반복해서 생각하면 할수록 생각은 더욱더 강해집니다. 사고는 근육 트레이닝과도 같아서 반복한 만큼 강해집니다. 그러므로 '비가 싫어'라고 생각하면 이 생각은 비가 올 때마다 점점 강해지지요. 급기야는 하늘에 먹구름만 끼어도, 불쾌한 일이라고는 솜털만큼도 일어나지 않았는데도 매우 언짢아집니다. 이는 어떤 의미에서 사고 트레이닝의 부정적 결과입니다.

'비가 싫어'라는 마음으로 생활하면, 일 년 중 상당히 많은 날을 언짢은 기분으로 보내게 됩니다. 그러니 지금 당장 비에 얽힌 생각을 바꾸는 트레이닝을 시작해 보세요. 방법은 매우 간단합니다. 다음에 비가 오면,

'오늘 내리는 비에는 무언가 의미가 있을 거야.'

라고 생각하고, 하루를 시작하면 됩니다. 사고란 참으로 신비한 것이어서, 이렇게 생각하고 외출하면 '과연, 의미가 있었어.'란 생각이 들 만한 일이 꼬리에 꼬리를 물고 일어납니다. 예를 들어,

'비가 온 덕분에 어쩌다 들어간 카페에서
취향 저격 메뉴를 발견했다.'
'빗속을 뚫고 거래처를 방문했더니
고객이 여느 때보다 고마워했다.'
'강수량이나 빗소리의 강약, 구름의 흐름, 명암,
지면이나 창문의 빗줄기에서 좋은 느낌을 받았다.'

이는 '오늘은 초록색을 찾아봐야지.'라고 마음먹기만 해도 거리에 있는 초록색이 눈에 들어오는 원리와 마찬가지입니다. 반복해서 말하지만 사고는 훈련입니다. 훈련을 해야만 익숙해지고, 반복할수록 강해지지요. 그러니 이왕이면 자신에게 도움이 되는 사고법을 익히는 편이 좋지 않을까요? '비가 주는 선물을 찾는다'는 마음으로 즐겁게 실천해 보시기 바랍니다.

⑨ 비를 '좋다' '나쁘다'로 판단하지 않기

무언가를 결정하고 나면, 우리는 흐릿했던 마음에 자욱한 안개가 걷힌듯한 개운함을 느끼게 됩니다. 무언가 선뜻 마음이 내키지 않는 일에 따라갈까, 말까를 고민할 때는 대체로 어쩐지 빈둥거리며 하루를 보내게 되지만, 어느 쪽인가를 결정해 버리면 행사에 가든 말든 상관없이 뜻밖에 마음이 편안해지지요. 이와 같은 습성 탓인지, 우리는 무심코 이런저런 사항을 '좋다, 나쁘다' 혹은 '성공, 실패'의 잣대로 판단하려 합니다. 하지만 본래 이렇게 판단해서는 안 되는 사항을 이와 같은 잣대로 판단하는 것은 자율 신경을 불안정하게 하는 원인이 됩니다. 세상 모든 일을 가치로 판단해서는 안 되지요.

앞에서 설명한 스트레서 중에는 미세먼지처럼 '나쁘다'라고 판단할 수 있는 사항도 있지만, 대부분의 스트레서 자체는 대개 좋지도 나쁘지도 않습니다. 비 또한 마찬가지라서, 비 자체는 플러스도 마이너스도 아니지요.

비 오는 날과 화창한 날의 가치는 똑같습니다. 한쪽이 극단에 치우치면 다른 한쪽을 원하게 되는 법이지요. 비 오는 날도 화창한 날도 단지 기후 변화일 뿐입니다. 즉 '중립적'

인 것이므로, 여기에 '나쁘다'라는 가치 판단의 잣대를 들이대서는 안 되겠지요. 일본의 동요 시인 가네코 미스즈의 '해님, 비님'이라는 시를 읽으면, 가치 판단을 하지 않는 것이 어째서 중요한지를 느낄 수 있습니다.

먼지 묻은
잔디 풀을
비님이 씻겨
주었어요.

(비에) 씻겨 젖은
잔디 풀을
해님이 말려
주었어요.

이렇게 내가
드러누워
하늘을 바라보기
좋도록.

〈미스즈 비요리〉, 《순요도》
원제: 〈みすゞびより〉, 《春陽堂》

'내일은 비가 올 예정입니다'라는 일기 예보를 들었을 때, '내일은 비가 오는구나, 싫다!'라고 생각하지 말고, '내일은 비가 오는구나.'에서 생각을 멈추세요. 일기 예보를 들으면서 가치 판단을 하지 않는 훈련을 해 보시기 바랍니다.

⑩ 부정적인 플라세보 효과에서 빠져나오기

'비의 부작용'에 시달리다가 제게 상담을 받으러 오는 분들을 보면, '플라세보 효과에 빠진 게 아닐까?'란 생각이 들 때가 있습니다. 비가 올 것 같다는 사실만으로 이미 비가 올 때와 똑같은 증상이 나타나는 까닭이지요. 아직 비가 오지 않는데도 머리가 아프다, 몸이 차갑다, 기분이 우울하다는 등 증상을 호소하지요. 어쩌면 이런 증상들은 스스로 자신에게 암시를 걸기 때문인지도 모릅니다.

플라세보 효과는 '위약 효과'란 뜻으로, 약이 아닌 비타민제 등을 처방해도 환자 본인이 약이라고 믿으면, 약과 똑같은 효과를 발휘하는 현상입니다. 실제로 '플라세보 효과보다 더 효과적인 약을 만들기란 매우 어렵다'는 말이 있을 만큼, 이 굳은 믿음은 우리의 몸 상태에까지 영향을 끼치지요.

상담 분야만 살펴보아도 무료보다 유료일 때가 더 효과적입니다. 또 상담 방법보다 환자와 상담사의 신뢰 관계가 결과에 훨씬 큰 영향을 미치기도 합니다. 즉 '이만큼 돈을 냈으니까 분명 결과가 좋을 거야', '이 선생님이라면 안심하고 맡길 수 있겠어'라는 굳은 믿음이 실제로 증상을 개선하는 데 효과를 발휘하는 것이지요.

비 오는 날을 부정적으로만 생각하면, 아직 기압이 변하지 않았는데도, 비에 젖지 않았는데도, 비와 관련된 증상이 나타납니다. 만일 어떤 증상이 '비' 때문인 듯하다면, 심호흡을 크게 한 번 한 다음 '플라세보 효과는 아닌지' 생각해 봅시다.

비 오는 날의 찌뿌듯함은 자신에게 보내는 신호

자, 이번 장을 읽고 여러분의 스트레스가 조금은 해소되었나요?

몸과 마음은 연결되어 있으므로 절대 따로 분리해서 생각해서는 안 됩니다. 뇌와 근육이 연결되어 있듯이 몸과 마음도 하나이니까요. 따라서 비교적 알아차리기 쉬운 신체적 스트레스의 신호를 깨닫는 일이 중요합니다. 이런 의미에서 비는 좋은 계기입니다. 비 오는 날에는 평소에 감춰져 있던 몸과 마음의 문제가 겉으로 드러나기 때문이지요.

비는 자신의 문제를 찾아내서 보여주는 리트머스 시험지입니다. 즉 비 오는 날, 어쩐지 몸과 마음이 평소와 다르게 찌뿌듯하다고 느낀 사람은 더 큰 위험을 피할 수 있다는 말이지요. 비 오는 날, 나에게 일어나는 변화를 살펴보고 몸과 마음에 어떤 문제가 있는지 천천히 생각해 보는 시간을 가져 보는 건 어떨까요? 비 오는 날에 나타나는 몸과 마음의 변화를 너무 부정적으로 받아들이지 말고, 이 책을 참고로 '그럼, 어떻게 해결해야 할까?' 하는 생각을 가지고 다른 관점으로 생각해보시기 바랍니다.

4장.

비 오는 날은 평상시의 피로를 해소할 절호의 기회

비 오는 날을 잘 보내면 평소에 쌓인 피로를 풀 수 있다

비 오는 날은 평소에 쌓인 피로를 풀 절호의 기회입니다. 비 오는 날에는 누구나 부교감 신경 우위 상태가 되어, 몸의 에너지가 신체 회복과 재생에 사용되는 까닭이지요. 한 예로, 화창한 날에는 자외선이 교감 신경을 심하게 자극하여 우리를 피로하게 하지만, 비 오는 날에는 본래 자외선이 적습니다. 즉 비가 오기만 해도 덜 피로해진다는 뜻이지요(여담이지만, 쉽게 피로해지는 사람은 화창한 날에 선글라스를 쓸 것을 권장합니다). 휴일에 내리는 비는 그야말로 '자우慈雨', 즉 은혜로운 비입니다. 그러니 '모처럼 휴일인데 비가 오다니….'라며 실망하지 말고, '몸이 요구하는 대로 쉴 수 있는 둘도 없는 기회'라 여기고 보람차게 보내세요.

단 15분이라도 느긋하게 보낼 수 있는 시간을 마련하는 등 어떻게 하면 화창한 날과는 다른 하루를 보낼 수 있을지를 한번 생각해 보세요. 집안일 또한 조금은 설렁설렁해도 괜찮습니다. 비가 오는 휴일만이라도 몸이 요구하는 대로 느긋하게 보내는 것이지요.

비 오는 날을 활용하여 제대로 휴식을 취하면, 몸 세포부터 젊어집니다. 비 오는 휴일을 보낸 후 평소보다 몸이 가뿐하게 느껴진다면, 이는 단순히 외출하지 않았기 때문만은 아닙니다. 비의 힘으로 여러분의 몸이 여느 때보다 한층 더 치유되었다는 뜻이지요. 4장에서는 평소에 쌓인 피로를 천천히 해소하기 위해서 비 오는 날을 어떻게 보내야 할지, 그 요령에 관해 이야기하겠습니다.

잘못된 피로 해소법에 속지 않는다

피로는 현대를 살아가는 우리가 소홀히 하기 힘든 고민입니다. 여러분 중에도 자신만의 '피로 해소법'을 실천하는 분이 많겠지요. 하지만 스트레스와 피로를 연구해 보면, 많은 분이 실천하는 피로 해소법 중에는 사실 피로를 풀어 주기는커녕, 오히려 몸에 부담을 주는 방법도 적지 않습니다. 예를 들어,

· 몸 움직이기

➡ 마라톤처럼 격렬한 운동은 오히려 좋지 않다(138쪽).

· 마늘, 장어, 고기 등, 원기 회복에 좋은 음식 먹기

➡ 피로한 이유는 신체의 영양 부족 탓이 아니라 자율 신경이 혹사 당해 뇌에 피로가 축적되었기 때문이므로 역효과이다(127쪽).

· 자양 강장제 마시기

➡ 자양 강장제 성분 중, 그 함유량이 강조되는 '타우린'은 필요량을 몸에서 합성해 낼 수 있으므로, 추가로 섭취해도 좋은 효과를 기대하기 어렵다. 다량의 카페인(각성 작용)과 미량의 알코올(기분을 좋게 함)이 들어 있어서 몸이 가뿐해진 듯한 느낌이 들지만, 근본적으로 피로를 해소해 주지는 못한다.

· 반신욕으로 천천히 땀 빼기

· 휴일에 기분 전환으로 온천 여행을 가거나 외출하기

· 즐겁게 술 마시기

➡ 반신욕이나 여행, 음주 등을 했을 때 느껴지는 '개운한 기분'은 사실 몸의 피로 해소와 관계가 없다(135쪽).

이 방법들은 '피로 해소'란 측면에서 전혀 효과가 없습니다. 효과는커녕 몸을 더욱더 피로하게 만드는 요인이 될 수도 있습니다.

비 오는 날의 휴식은 몸과 마음에 주는 선물

비 오는 날에 만성적인 허리 통증이나 오래된 상처가 욱신거리는 증세로 고생하는 분도 많겠지요. 부교감 신경이 우위에 서면, 평소에 쌓인 피로나 스트레스 증상이 자꾸자꾸 쏟아져 나오는 법입니다. 또 나른함이나 초조함에 시달리기도 하지요. 이와 같은 증상이 나타난다면 평소에 너무 열심히 생활했다는 신호이므로, 비 오는 날에는 확실히 몸을 쉬게 해 주는 편이 좋습니다. 평일에 바쁘게 일하는 사람일수록 비 오는 휴일은 느긋하게 보내세요. 비 오는 날 푹 쉬기만 해도 몸의 회복력은 꽤 달라집니다. 그러니 부교감 신경이 자연스럽게 우위 상태가 되는 비 오는 날을 활용하여 몸속을 집중적으로 회복시키세요. 비 오는 날은 자기 자신을 회복하는 날이니까요.

비 오는 날, 평소에 쌓인 피로 초기화하기

① 잘 자기

휴일에 가장 하고 싶은 일로 '수면'을 꼽는 분이 많습니다. 바쁜 현대인은 휴일에도 좀처럼 잠을 푹 자기가 어려운 듯합니다. 현재 수면 장애로 고민하는 사람이 점점 늘고 있는 추세입니다. 일본의 경우를 살펴보면, 평균 수면 시간은 매우 짧습니다. 일본의 후생노동성이 발표한 '2014년 국민 건강·영양 조사'를 보아도 7시간 이상의 이상적인 수면 시간을 확보한 사람은 극히 적었지요.

남성의 경우 특히 20~40대의 수면 시간이 점점 짧아지는 추세로, 약 80%가 7시간도 잠을 자지 못했습니다. 또 20~30대 여성의 약 74%도 수면 시간이 7시간 미만이었습니다. 게다가 40대에 이르면, 5시간 미만으로 자는 사람이 남녀 모두에서 약 11%나 된다고 하니, 참으로 놀라울 따름입니다. 눈코 뜰 새 없이 일하는 청장년층에게 수면은 점점 사치가 되고 있지요.

여러분은 '잠을 자는 데도 체력이 필요하다'는 말을 들어보셨습니까? 노인이나 어린아이를 보면 이 말의 뜻을 쉽게 이해할 수 있습니다. 나이가 들어 체력이 떨어지면 수면 시간도 덩달아 짧아집니다. '조기 각성'이라고 해서 새벽 3, 4시쯤에 눈이 저절로 떠진다는 분도 많지요.

한편, 활력이 넘치는 아이들은 오랜 시간 잠을 자며, 시간과 장소에 상관없이 금세 잠이 듭니다. 공원에서 놀다 와 정신을 차려 보니 현관에서 자고 있었다는 등 건강하다면 '언제, 어디서든, 얼마든지' 잠을 잘 수 있습니다. 한창 일해야 할 세대 역시 기본적으로는 마찬가지라서, 체력이 없으면 깊이 잠을 자기가 어렵습니다. 피로가 쌓인 상태, 즉 건강하지 못한 상태에서는 꿀맛 같은 잠을 누릴 수가 없지요. 실제로 우울증이 오기 전에는 반드시 불면증이 나타납니다. 뇌의 피로가 불면증을 일으키는 것입니다.

비 오는 날 아침에는 평소보다 잠자리에서 일어나기가 힘들지요? 본래라면 교감 신경으로 전환되는 아침에도 부교감 신경에 계속 불이 켜져 있는 탓에, 몸이 활동 모드로 바뀌지 않아 졸음이 가시지 않습니다.

하지만 비 오는 날에도 아침 일찍 일어나야만 하는 사람이 대부분이겠지요. 그러므로 여느 때보다 잠을 잘 자고 싶다면, 비 오는 날 밤이나 비 예보가 있는 전날 밤에는 퇴근 시간을 앞당기거나 TV 시청 시간을 1시간 정도 줄여, 평소보다 일찍 잠자리에 드는 편이 좋습니다.

수면은 두 가지 중요한 역할을 합니다. 몸을 회복하는 역할, 그리고 기억을 정리하는 역할입니다. 깊은 잠을 자면, 몸이 활기를 되찾게 될 뿐 아니라 학습 및 업무 효율도 상승합니다. 《사고의 정리학》의 저자, 도야마 시게히코는 책 속에서 다음과 같이 이야기했습니다.

"옛날 사람은 자연의 섭리에 따라 생활했으므로,
신의 선물인 망각 작용, 즉 수면만으로도 머릿속을
충분히 정리정돈할 수 있었다. 하지만 현대인은
정보의 홍수라 불리는 사회에 살고 있어서
아무래도 불필요한 정보가 머릿속에 쌓이기 쉽다."

이 책이 출판된 때는 1980년대입니다. 이 시점에 이미 우리는 정보 과잉 상태에 놓여 있었으며, 뇌 속을 가득 채운 정보를 원활히 처리하지 못해 고민했던 것이지요. 현재의 정보량은 이 시대의 몇백 배, 아니 몇만 배라고 합니다. 잠을 잘 자는 법은 이제 지나친 정보 과잉 상태에 놓인 현대인이 반드시 익혀야 할 '기술'인지도 모르겠네요.

또한 수면은 마음을 치유하는 데도 효과적입니다. 감당하기 힘든 괴로운 일이 있을 때, 사람은 믿기지 않을 만큼 오래 잠을 잡니다. 특히 비 오는 날에 자는 잠은 마음을 치유해 주는 효과가 더 큽니다. 당연히 잠을 푹 자면 몸의 긴장이 풀어지고 기억도 정리되므로 고민을 해결하는 데에 도움을 주지만, 비 오는 날의 장점은 이뿐만이 아닙니다.

중요한 것은 '빗소리'입니다. 빗소리에는 일정한 리듬이 있어서, 이 빗소리의 리듬을 들으면 여러 뇌 부위 중에서도 '사이뇌'가 반응합니다. 이 사이뇌는 앞에서 설명했듯이 호르몬을 관장하는 곳입니다.

호르몬은 실로 다양한 역할을 합니다. 몸을 회복시키고 성장을 도울 뿐 아니라, 여성의 임신과 출산, 월경에까지 관여하지요. 또 호르몬은 감정에도 큰 영향을 끼치기 때문에 호르몬 균형을 유지하는 일은 몸과 마음에 굉장히 중요합니다. 빗소리를 들으면서 잠을 자면, 마음이 안정되므로 고민 또한 크게 줄어듭니다.

'비 오는 날에 잠을 푹 자면 고민을 쉽게 해결할 수 있다.'

이 말을 꼭 기억해 두시기 바랍니다. 절대 손해 보는 일은 없을 테니까요.

② 꼭꼭 씹어 먹기

비 오는 날에는 약간 어둑한 분위기의 레스토랑에서 식사를 해 보세요. 이날은 조금 고급스러운 곳에서 식사를 즐기기에 안성맞춤입니다. 평소 요리에 관심이 많으신 분은 정성이 많이 들어가는 요리를 만들어 봐도 좋겠네요.

부교감 신경이 우위에 서서 수용 모드가 되는 비 오는 날에는 느긋하게 식사를 즐기는 것이 중요합니다. 따뜻한 색 계열 조명이 켜진 차분한 분위기의 레스토랑은 우리의 긴장을 풀어 줄 뿐 아니라, 부교감 신경을 활성화해 소화를 촉진하지요.

단, 비 오는 날 식사를 할 때는 주의해야 할 점이 있습니다. 바로 '꼭꼭 씹어 먹기'입니다. 음식을 꼭꼭 씹을 때, 우리는 '깨물근'이라는 근육을 사용합니다. 깨물근은 광대뼈와 턱에 걸쳐서 연결된 근육으로, 정확히 턱을 괼 때, 손바닥으로 받치는 부분에 있지요. 이 깨물근은 우리 몸에 600개 넘게 있는 근육 중에서도 특히 사람에게 중요한 '항중력근'입니다. 앞에서 설명했듯이 '항중력근'을 잘 사용한다는 말은 곧 뇌에 자극을 준다는 뜻입니다. 게다가 뇌 가까이에 있는 깨물근을 자극하면 뇌의 혈액 순환이 신속하게 개선되지요.

머릿속이 어쩐지 개운하지 않거나 약간 의기소침해졌을 때 음식물을 꼭꼭 씹으면, 뇌에 활기를 불어넣을 수 있습니다. 물론 머리가 지끈거리거나 묵직한 증상을 누그러뜨리는 데도 도움이 됩니다. 메이저리그 선수들이 시합 중에 껌을 씹는 모습을 종종 보는데, 어쩌면 선수들도 씹는 행위가 얼마나 효과적인지를 알고 있는 것이 아닐까요.

③ 저녁 식사는 평소보다 일찍 끝내기

흔히 다이어트를 할 때는 '잠자리에 들기 3시간 전에 식사를 끝내라'고 합니다. 이는 피로나 스트레스를 풀 때도 마찬가지입니다. 일본에는 양에 조금 덜 차게 먹는다는 뜻의 '하라하치분메腹八分目'라는 말이 있는데, 이와 같은 상황에 꼭 맞는 표현이지요. 사람은 포만감을 느끼면 매우 얕은 잠을 자게 되므로 피로가 잘 풀리지 않습니다. 그 이유는 '뇌'와 깊이 관련되어 있습니다.

우리의 뇌는 크게 세 부분으로 나뉘며, 이 중 내장 활동을 관장하는 곳은 뇌줄기입니다. 밤에 잠을 잘 때, 의식이 없는 동안에도 심장이 온몸에 혈액을 보내고 호흡이 유지되는 이유는 뇌줄기가 계속해서 명령을 내리는 덕분이지요. 밤에 음식을 먹으면, 위에 들어온 음식물을 소화하기 위해 뇌줄기가 활동해야만 합니다. 수면 중에 해야 할 일이 하나 더 늘어난 셈이지요.

그러므로 비 오는 날에 충분히 잠을 자 피로를 풀고 싶다면, 저녁 식사는 최소한 잠자리에 들기 3시간 전에 끝내는 편이 좋습니다. 우리 몸을 음식물 소화가 아닌 회복에 사용하는 것입니다.

음식 중에서도 특히 단백질이나 지방 함량이 높은 '원기 회복 식재료'는 일반적으로 소화되기까지 시간이 걸립니다. 피로를 풀 요량으로 고기나 장어, 마늘 등을 즐겨 먹는 사람이 있는데, 이러한 음식은 도리어 교감 신경을 자극하므로 뇌와 몸을 피로하게 만드는 원인이 됩니다.

실제로 제 지인 중에 '고기를 많이 먹은 날에는 잠을 설친다'는 사람이 있습니다. 고기는 소화되기까지 시간이 오래 걸리는 탓에 뇌가 밤새도록 활발하게 움직여야만 하기 때문이지요. 그러므로 피로를 풀고 싶다면, 비 오는 날에는 평소보다 일찍 저녁 식사를 마치고, 소화가 잘 되는 음식을 섭취하시기 바랍니다.

④ 술은 평소보다 일찍, 적당히 마시기

식사는 평소보다 일찍, 양에 덜 차게 먹어야 한다면, 안타깝게도 비 오는 날은 식사를 하며 술 한잔하기에 그리 적합한 날이 아니겠지요. 술자리 또한 되도록 잠자리에 들기 최소한 3시간 전에 끝내는 편이 현명합니다.

술은 소화 및 흡수에 시간이 걸립니다. 양이 늘어나면 당연히 더 긴 시간이 필요하지요. 잠자기 전에 마신 알코올을 밤새도록 소화하고 분해해야 하므로, 뇌줄기와 뇌줄기가 관장하는 자율 신경은 쉴 틈이 없습니다.

자기 전에 술을 마시면 잠을 푹 잘 수 있는 듯하지만, 이는 사실 기분 탓입니다. 실제로 수면의 질을 측정해 보면 음주 후에는 명확히 수치가 나빠집니다. 그러므로 몸에 쌓인 피로가 잘 풀리는 비 오는 날만이라도 술은 잠자리에 들기 3시간 전까지, 적당히 드세요.

이렇게 하면 뇌에 쌓인 피로는 물론, 뇌줄기가 관장하는 내장과 자율 신경을 포함한 몸 전체의 피로를 푸는 데도 도움이 됩니다.

특히 정기적으로 간을 쉬게 해 주는 분이라면, 비 오는 날을 간의 휴식일로 삼기를 강력히 추천합니다. 앞에서 설명했듯이 비 오는 날에는 몸의 회복력이 높아지므로, 간을 보호하려는 마음 역시 여느 때보다 그 효과를 발휘하기 쉽지요.

단, 겨울철에는 건조해서 비가 거의 오지 않는 지역도 있습니다. 따라서 비가 오지 않으니 간에 휴식을 주지 않아도 된다고 생각해서는 안 됩니다. 어차피 술을 마시지 않고 몸에 휴식을 줄 날을 정한다면, 비 오는 날 쉬게 해 주는 편이 훨씬 효과적이라는 정도로 받아들이시기 바랍니다.

⑤ 스케줄은 여유 있게 잡기

비 오는 날에는 이런저런 일정을 너무 빡빡하게 채워 넣지 마세요. 일찍 집에 들어와 느긋하게 욕조에 몸을 한번 담가 보세요. 비 오는 날 올바른 방법으로 입욕을 하면 잠을 푹 잘 수 있어서, 몸에 쌓인 피로가 해소됩니다.

비 오는 날의 기압 변화는 우리 몸을 휴식 모드로 만들어 주는데, 이때 입욕은 우리가 휴식 모드로 더 깊이 들어

가게끔 도와주는 역할을 하지요. 비 오는 날에는 다음과 같은 입욕법이 가장 바람직합니다.

1. 욕조에 38~40도 정도의 미지근한 물을 채운다.
2. 10~15분간, 어깨까지 물속에 담근다.
3. 잠자리에 들기 1시간쯤 전에는 욕조에서 나온다.

이 세 가지 점에 유의하면 부교감 신경이 천천히 자극받아 몸의 긴장이 풀어지므로, '몸을 회복하려는 작용'이 점점 강해집니다.

욕조에서 나오는 타이밍은 대략 이마에 땀이 송골송골

맺혔을 때입니다. 미지근한 물에 느긋하게 몸을 담그면 체온이 천천히 올라가고 또 천천히 내려가지요. 사람은 체온이 점점 내려갈 때 졸음이 오므로, 잠자리에 들기 1시간쯤 전에 욕조에서 나와 체온을 떨어뜨리면 깊은 잠을 유도할 수 있습니다.

'체온을 올리려면 뜨거운 물에 들어가도 되지 않을까?'

이렇게 생각하는 분도 있겠지만 뜨거운 물은 오히려 몸을 자극해, 결과적으로 교감 신경이 자극을 받게 됩니다. 한번 활발해진 교감 신경은 진정될 때까지 약 3시간 정도 걸리지요.

따라서 쉬는 날에는 입욕 시간을 예측하여 계획을 세워야 합니다. 집에 가고 싶지만 일이 많아 좀처럼 일찍 퇴근하기 힘든 상황이라도, 비 오는 날에는 평소 때보다 30분 정도 일찍 퇴근하겠다는 마음가짐이 중요합니다. 그리고 여유를 가지고 미지근한 물에 몸을 담그세요. 피로가 풀려 다음날 몸이 가뿐해지므로 업무 효율 또한 분명 올라갈 것입니다.

쉬어가는 칼럼
비 오는 날에는 피부가 고와진다

많은 여성이 '아침에 피부 상태가 좋으면 온종일 행복하다'고 말합니다. 고운 피부라는 관점에서 보아도 역시 비 오는 날은 피부를 관리하기에 더할 나위 없는 날이지요. 비 오는 날 피부가 고와지는 이유는 공기 중에 수분이 많기 때문만은 아닙니다. 비 오는 날에는 부교감 신경이 활발해집니다. 즉 우리 몸이 휴식 모드에 들어가 상처투성이 세포들을 부지런히 재생시키지요. 이것이 바로 부교감 신경의 역할입니다.

그러므로 비 오는 날에 제대로 몸을 쉬게 해 주면 세포가 빠르게 재생됩니다. 몸속부터 예뻐진다는 표현은 바로 이를 두고 하는 말입니다. 세포가 활발히 재생되는 비 오는 날을 잘 활용하여 여유로운 마음으로 보낸다면, 분명 다음 날 아침, 거울을 보는 일이 큰 즐거움으로 다가올 것입니다.

⑥ '뇌 피로를 풀자'고 발상 전환하기

동물은 대부분 '돌연사'하지 않는다고 합니다. 동물은 피로가 쌓였을 때, 음식물 섭취보다 피로 해소를 우선시합니다. 피로가 쌓인 상태에서는 먹잇감을 사냥할 수도, 외부의

적을 피해 도망갈 수도 없으므로, 이렇게 행동하도록 본능이 지시하는 것이지요.

한편, 우리 인간은 정말 휴식이 필요한 때조차 쉬지 못하는 동물입니다. 동물과 달리 인간이 돌연사하는 이유는 새로운 뇌인 '대뇌새겉질'을 획득했기 때문입니다. 대뇌새겉질은 '의욕'을 퐁퐁 솟아나게 하지만, 이 의욕은 피로를 감춰 버리는 탓에 '숨겨진 피로'가 생겨납니다. 때문에 피로가 제때 풀리지 않고 점점 쌓이게 되는 것이지요.

인간의 의욕은 크게 네 가지로 나뉩니다. 바로 '안심', '칭찬', '애정', '금전'을 추구하는 의욕입니다. 각각의 목표를 향해 맹렬히 나아갈 때는 피로를 의식하지 못하므로, 정신을 차렸을 때는 이미 병에 걸린 상태이거나, 쓰러지거나, 돌연사하게 되지요. 이처럼 우리 인간은 스스로 몸에 쌓인 피로를 느낄 수 없습니다.

"아니, 나는 스스로 피로하다는 사실을 알고,
지금도 피곤하다고요."

이렇게 호소하는 분도 있겠지만, 이는 생리적 피로가 아니라 심리적 피로입니다. 돌연사를 일으킬 만큼 신체적 피로에는 사실 무감각하지요. 그 증거로 자신도 모르게 드러눕게 될 만큼 피곤할 때조차 굉장히 기대되는 일이 생기면, 다시 벌떡 일어나 활동할 수 있습니다. 그만큼 우리 몸은 심리적 영향을 크게 받는다는 뜻이지요.

여러분 주위에 '지금은 쉴 때가 아니다'란 분위기를 풍기며 일하는 사람은 없습니까?

어쩌면 여러분 자신일지도 모릅니다. '성취감'과 '충실감'을 무엇보다 중요하게 여기는 사람은 숨겨진 피로 예비군이므로, 지나치게 의욕이 넘치는 사람이라면 특히 조심해야 합니다.

그럼, 이런 사람이 뇌에 쌓인 피로를 해소하려면 어떻게 해야 할까요? 사실 '뇌 피로'는 뇌 줄기의 일그러짐 증상과 상당히 비슷합니다. 즉 뇌줄기의 일그러짐을 해소하는 방법은 그대로 뇌에 쌓인 피로를 해소하는 데도 도움이 된다는 말이지요.

비 오는 날에 재생 및 회복 능력이 높아진다는 사실은 지금까지 설명한 그대로입니다. 그러므로 뇌 피로를 풀고 싶다면, 3장에서 소개한 10가지 방법 중 해 보고 싶은 내용을 실제 생활 속에서 한번 실천해 보시기 바랍니다.

⑦ 비 오는 날은 되도록 집에서 보내기

지금까지 수면, 식사, 입욕을 중심으로 평소에 쌓인 피로를 완전히 해소하려면, 비 오는 날을 어떻게 보내야 할지를 소개했습니다. 이와 같은 방법은 곧 '평소 자신도 모르게 소홀히 하기 쉬운 하루하루에 조금 더 신경 쓰면 어떨까?'라는 제안입니다.

그러므로 휴일에 '오늘은 비가 오니까 약속을 취소하고 집에 있자.'라고 생각하는 것은 사실 자신의 몸을 배려한 현명한 선택인 셈입니다. 그렇다고는 해도 휴일을 집에서만 보내는 것이 어쩐지 시간 낭비처럼 느껴지는 분도 분명 있겠지요.

최근에는 사회적으로도 이런저런 곳으로 발걸음을 옮겨 하루를 활기차게 보내는 삶을 더 긍정적으로 여기는 듯합니다. 한 예로, '여행'은 언제나 스트레스 해소법 베스트 3 안에 들어갑니다. 또 피로를 풀기 위해 온천에 간다는 사람도 많지요. 하지만 여행이나 온천은 피로 및 스트레스 해소에 큰 도움이 되지 않습니다. 단순히 스트레스를 회피한 상태일 뿐이니까요. 스트레스가 되는 일상적인 스트레서(인간관계, 일 등)에서 잠시 떨어져 있을 뿐, 스트레스 그 자체(뇌줄기의 일그러짐)에 대처하는 행동은 아니지요.

스트레서에서 멀리 떨어져 일시적으로 보이지 않게 해도, 그 후에는 반드시 일상적인 스트레스가 되돌아옵니다. 그러므로 적어도 비 오는 날만이라도,

'열심히 일한 몸과 마음을 푹 쉬게 해 주어야지.'

라고 생각해 보세요. 이렇게 생각하고 '비 오는 날 해야 할 일'을 정해 꾸준히 실천한다면, 에너지가 충전되어 화창한 날을 더욱 활동적으로 보낼 수 있습니다.

비 오는 날을 잘 보내면 에너지가 충전된다

⑧ 운동은 평소보다 가볍게 하기

최근에는 24시간 헬스장이 많이 생겼기 때문에 마음만 먹으면 언제든지 운동을 할 수 있습니다. 하지만 자율 신경의 역할을 생각한다면, 저녁 이후에는 과격한 운동을 삼가야 합니다. 본래 우위에 서야 할 부교감 신경 대신 교감 신경이 우위에 서게 되어, 수면에 나쁜 영향을 끼치는 까닭이지요.

특히 비 오는 날은 본래 부교감 신경이 평소보다 자극받은 상태이므로, 이를 무리하게 교감 신경으로 전환하는 격렬한 운동은 피하는 편이 바람직합니다. 활동을 위해 교감 신경으로 전환할 필요가 있을 때에도 교감 신경을 과하게 자극하지 않는 적당한 범위 내에서 운동을 해야 합니다.

우리가 운동했을 때 느끼는 피로는 사실 몸의 피로가 아니라 주로 '뇌 피로'라는 사실도 기억해 두세요. 업무나 학업으로 이미 뇌에 피로가 쌓인 상태인데, 운동으로 뇌를 더욱 피로하게 만들면, 우리 몸은 견뎌 내기 힘들겠지요.

몸을 움직이고 싶더라도 1장과 2장에서 소개드린 것처럼 유산소 운동이나 스트레칭 정도로만 하여, 우선은 피로 해소에 집중하시기 바랍니다.

⑨ 어깨 결림, 허리 통증에 효과 만점인 '목 스트레칭'

마지막으로 피로 해소에 효과적인 스트레칭을 두 가지 소개하겠습니다. 이 스트레칭은 배곧은근을 자극하므로 특히 어깨 결림과 허리 통증에 효과가 뛰어납니다. 또 마음이 갈팡질팡할 때도 한번 실천해 보시기를 추천합니다.

1. 바닥에 똑바로 누워서 양손으로 무릎을 감싼 다음, 허리 근육을 30초 정도 쭉 편다.
2. 이대로 얼굴을 무릎 근처까지 당긴 후, 이 자세를 10초간 유지한다.
3. 1, 2를 3회 반복한다.

⑩ 초조함, 건망증에 효과 만점인 '엉덩 허리근 스트레칭'

뇌 피로를 풀어 주는 스트레칭입니다. 초조함과 건망증은 물론 뇌의 노화를 방지하는 데도 효과적입니다.

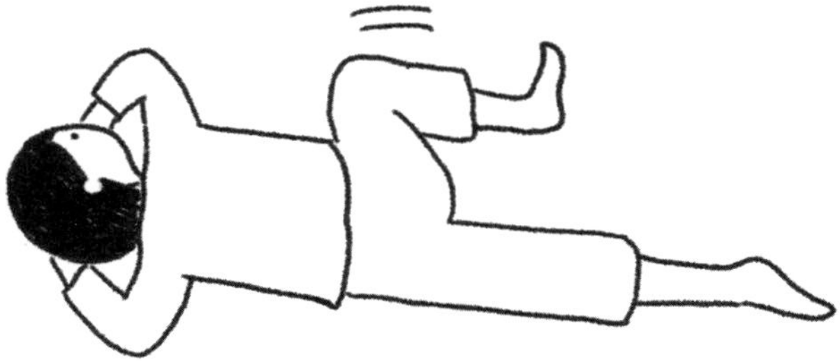

1. 바닥에 엎드려 얼굴을 왼쪽 또는 오른쪽으로 돌린다.
2. 얼굴을 돌린 쪽 무릎이 옆구리 근처까지 오도록 무릎을 굽혀서 천천히 갖다 댄다.
3. 2에서 움직인 다리의 무릎 밑과 반대 다리가 평행이 되어 근육의 저항감이 강해졌을 즈음, 이 자세를 5초간 유지한다.
4. 몸을 원래대로 되돌리고 반대쪽도 똑같이 한다.

5장.

비 오는 날을 ‘특별한 하루’로 만드는 비결

'즐기자'라고 생각하면 마이너스도 플러스로 바꿀 수 있다

이 책을 선택한 분이라면 분명 현재 비 때문에 무언가 불편함을 겪고 있겠지요. 그러니 아무리 '비 오는 날을 즐겨야겠다.'라고 마음먹어도 실천으로 옮기기란 여간 어려운 일이 아닙니다.

하지만 여태까지 이야기했듯이 비에는 장점이 많습니다. '비를 싫어하지 말고 즐겨야지.', '비를 활용하여 내 몸을 위로하자.', '비의 좋은 점을 찾아야겠어.'란 마음가짐으로 하루를 보내기만 해도 비에 관한 생각이 조금은 긍정적으로 변할 것입니다.

이뿐 아니라 5장에서는 비라는 날씨의 성질을 근거로,

'비 오는 날을 즐기는 색다른 방법', '실천해보면 좋은 방법'을 소개하고자 합니다. 여러분이 이 책을 '비 오는 날'을 충실하게 보내기 위한 아이디어 모음집이라 여기고 실천해 나간다면, 저 역시 기쁠 것 같습니다.

일상생활 속에서 비 오는 날 즐기는 법

① 비가 오니까 바깥 풍경 감상하기

비 오는 날에는 감성이 날카로워집니다. 이는 부교감 신경이 활성화되어 에너지가 내부를 향하기 때문입니다. 평소에는 마음이 심란하고 괴롭더라도 부교감 신경이 활성화되면 수용 모드가 되므로 비 오는 날에는 감성이 섬세해지지요.

그럼, 감성이 섬세해진 날에는 무엇을 하면 좋을까요? 가장 간단히 할 수 있는 일은 '바깥 풍경 바라보기'입니다. 감성이란 외부로부터 오는 정보를 수용하는 힘이므로, 유라기로 가득 찬 풍경을 보기만 해도 많은 깨달음을 얻게 되지요. 낙숫물이 나뭇잎에 톡 떨어지거나, 창문에 빗방울이

쓱 미끄러져 선을 그린다는 등…. 유라기를 깨달을 때, 우리의 뇌와 심장은 치유됩니다.

일본 헤이안 시대(794~1185)에 활약한 작가, 세이쇼나곤은 수필집 《마쿠라노소시 枕草子》에서 이렇게 말합니다.

"비이슬이 떨어질 때마다 나뭇잎이 움직이고,
사람이 건드리지도 않았는데
갑자기 튀어 오르는 데조차 정취가 있다."

자연을 묘사하는 능력이 대단히 뛰어난 세이쇼나곤 역시 비 오는 날, 바깥 풍경을 즐겼다는 사실을 알 수 있지요. 작가 에쿠니 가오리 또한 비 오는 날의 풍경을 즐겨 본다고 합니다. 수필집 《당신의 주말은 몇 개입니까 いくつもの週末》에는 이런 구절이 나옵니다.

"비를 좋아해서 비가 오면 비를 본다.
창문을 열고 바라보는 것이다.
빗소리를 듣고, 비 냄새를 맡는다.
우리 집에서는 엄마도 여동생도 그리했다."

에쿠니 가오리에게 '비를 감상하는 습관'은 지극히 당연했으므로 결혼 후 비를 보려 하지 않는 남편을 두고, '이 사람은 비를 보고 싶지 않은 걸까?'라고 생각했다고 합니다.

저는 20대 때 크게 다치는 바람에 어쩔 수 없이 병원에서 투병 생활을 했는데, 입원하기 전까지는 비 오는 날의 바깥 풍경에 통 관심이 없었습니다. 뒤늦게 깨달은 사실이지만, 자신도 모르게 비를 낭비했던 것이지요.

평소 열심히 일하는 뇌, 그리고 우리의 몸과 마음에는 비 오는 날에 바깥 풍경을 물끄러미 바라보는 일이야말로 최고의 치유법입니다. 짧은 시간도 괜찮으니, 하루하루를 바쁘게 보내는 분일수록 비 오는 날에는 바깥 풍경을 바라보면 어떨까요?

② 비가 오니까 독서 삼매경

비 오는 날은 외출하지 않고 집에서 느긋하게 보내기에 안성맞춤입니다. 서재에도 어쩐지 고요한 공기가 감돌지요. 이런 날에는 사놓기만 해놓고 아직 읽지 못한 책을 펼쳐 보세요.

비 오는 날에는 에너지가 자신의 내면에 사용됩니다. 외부의 현상을 찬찬히 흡수해 자기 안에 축적하기에 매우 적합한 날이지요. 그러므로 자신의 성장을 위한 활동을 하기에 가장 좋습니다. 공부는 물론 무언가를 준비하거나 여러모로 구상하는 '사전 작업' 또한 비 오는 날에는 가속도가 붙습니다.

무엇보다 비 오는 날은 여느 때보다 집중해서 책의 세상 속으로 들어가기에 제격입니다. '청경우독晴耕雨讀'이라는 말을 들어 보셨습니까? 화창한 날에는 밖에 나가 농사일을 하고 비 오는 날에는 집 안에서 책을 읽는다는 뜻으로, 옛사람들은 이와 같은 생활을 이상적이라 여겼던 듯합니다. 아마도 비라는 기후를 활용하여 자신을 되돌아보고 더 깊이 생각했던 것이겠지요.

그럼, 비 오는 날에는 어떤 책을 읽어야 할까요? 장르는 무엇이든 상관없지만 업무와 직접 관련된 책은 피하는 편이 좋습니다.

비 오는 날, 책을 더 즐겁게 읽기 위한 비결은 순수하게 재미있다고 느끼는 책을 고르는 것입니다. 그다지 독서를 좋아하지 않는 사람일수록 어떤 책이든 끝까지 읽으려 노력하는데, 따분한 책이라면 참지 말고 책장을 덮어도 좋습

비 오는 날은 독서에 딱

니다.

'모처럼 산 책이니 끝까지 읽겠다'라는 마음은 이해하나, 따분한 책을 읽고 진정으로 감동하기란 실로 어렵습니다. 무엇보다 모처럼 피로를 풀 절호의 기회인 비 오는 날에 따분한 책을 읽어 피로가 더 쌓이게 해서는 안 되겠지요.

비 오는 날, 저는 주로 역사책을 읽습니다. 역사책에 나오는 인물 한 사람 한 사람을 마치 소중한 친구처럼 느끼지요. 역사책은 상담하며 만난 다양한 사람, 다채로운 인생과 마주 보는 법에 슬며시 힌트를 줍니다. 저 자신이 앞으로 어떻게 살아가야 하는지에 대한 지침도 되고요.

중세를 대표하는 일본 수필집 《쓰레즈레구사徒然草》도 반복해서 읽는 책입니다. 저자인 요시다 겐코는 속세에 염증을 느껴 출가한 인물로, '친구를 사귄다면 아픈 사람이 좋다'는 등, 인생이나 사람에 달관한 태도를 보이지요. 이렇듯 현재의 나와는 다른 사고방식과 세상을 바라보는 관점 또한 비 오는 날에는 평소보다 쉽게 받아들일 수 있습니다. 수용 모드가 되기 때문이지요.

혹자는 책 읽는 속도가 느리다며 고민하기도 합니다. 그러나 저는 책을 읽을 때는 천천히 읽는 편이 좋다고 생각합니다. 문자를 인식하는 곳은 좌뇌이지만, 이미지를 관장하는 곳은 우뇌입니다. 뇌를 전체적으로 사용하기 위해서는 우뇌를 의식하며 읽어야 합니다. 책 내용을 머릿속에 그리면서 읽으려 하면 그렇게 빨리 읽기는 어렵지요.

책 속에 묘사된 경관을 상상하면서 부디 천천히 책의 세상 속으로 여행을 떠나 보세요. 풍부한 독서 경험이 당신의 내면세계를 더욱 성숙하게 만들어 줄 테니까요.

쉬어가는 칼럼

문학에서 배우는 비 오는 날 즐기는 법

예부터 비는 시나 노래의 좋은 소재였습니다. 이러한 작품을 읽을 때면,

'비도 참 좋은 거구나.'

라는 어쩐지 맥이 탁 풀리는 듯한 느낌이 듭니다. 한 예로, 에도 시대(1603~1867) 후기의 승려, 료칸은 다음과 같은 시를 남겼습니다.

生涯懶立身 [생애라입신]

騰騰任天眞 [등등임천진]

囊中三升米 [낭중삼승미]

爐邊一束薪 [노변일속신]

誰問迷悟跡 [수문미오적]

何知名利塵 [하지명리진]

夜雨草庵裏 [야우초암리]

雙脚等閑伸 [쌍각등한신]

태어나서부터 지금까지, 세상에서 말하는 훌륭한 사람이 되는 일에는 마음이 동하지 않아, 자연체로 살아왔다. 바랑 안에는 쌀 석 되, 화로 앞에는 장작 한 묶음, 생활은 이것으로 충분하다. 그 누가 방황이나 깨달음 등에 사로잡혀 고인의 흔적을 찾겠는가. 또 어찌하여 명예나 이익 같은 이 세상의 번잡함에 관여하겠는가. 비 오는 밤에는 초막 안에서 두 발을 뻗고 느긋하게 보낼 뿐이다.

《교주 료칸 전 시집》

이 시에서는 비를 부정하지도 그렇다고 지나치게 비를 긍정하지도 않으며, 비라는 자연 현상을 있는 그대로 바라보고 수용하는 모습을 엿볼 수 있습니다. '스트레서'는 그 자체로는 좋지도, 나쁘지도 않은 것이라는 말을 기억하시지요? 비를 있는 그대로 받아들이는 태도를 기르면, 다른 스트레서들에도 그만큼 유연하게 대처할 수 있습니다. 저를 비롯해 여러분도 이와 같은 경지를 목표로 했으면 좋겠네요.

③ 비가 오니까 쇼핑하기

모처럼 여름옷 세일 기간이라 외출하려 했더니 비가 세차게 내리고 있습니다. '쇼핑 가지 말까….'란 생각이 드는 날일수록 사실 쇼핑하기에 가장 좋은 날입니다. 특히 세일 상품이나 비싼 물건은 비 오는 날 사는 편이 좋지요. 여기에는 '도파민'과 '아드레날린'이라는 두 가지 호르몬이 관련되어 있습니다.

흥분해서 가슴이 두근거리거나 바라던 무언가를 달성하면, 우리 몸에는 '도파민'이란 호르몬이 분비됩니다. 일이나 공부 등 어떤 목적이 있어서 일에 매진할 때는 도파민이 분비되어도 괜찮지만, 쇼핑할 때 도파민이 많이 분비되면 난감한 일을 겪게 됩니다. 도파민은 바로 '충동 호르몬'이기 때문이지요.

도파민이 분비되면 우리는 무엇을 보든 '우와 멋지다!', '어머, 이건 꼭 사야 해!'라고 느끼게 됩니다. 그리하여 충동구매를 하게 되면, '물건을 샀다'는 성취감까지 더해져서 도파민이 더욱더 분비됩니다. 기분이 가라앉았을 때 쇼핑을 하면 기분이 상쾌해지는 이유도 이와 같은 원리입니다.

그 결과, 정신을 차렸을 때는 생각지도 않았던 쇼핑백을 바리바리 싸들고 집으로 돌아가는 자신을 발견하게 되지요. 게다가 이 호르몬은 쇼핑하는 그 순간밖에 작용하지 않는 탓에 대개 후회를 낳습니다.

한편, 비 오는 날 옷 가게에 가거나 비싼 물건을 사면 어떤 상황이 벌어질까요? 비 오는 날은 본래 마음이 차분해지므로 도파민이 계속해서 분비되지 않습니다. 따라서 충동구매를 할 가능성이 작아지지요.

그렇습니다, 비 오는 날에는 정말로 가지고 싶었던 물건, 진정으로 만족할 만한 물건을 살 가능성이 큽니다. 만일 살까 말까 고민되는 물건이 있다면, 일부러 비 오는 날에 보러 가세요. 화창한 날에 보았을 때는 그렇게나 사고 싶던 물건이 '내가 왜 이걸 사려고 했지?'라며, 고개를 갸우뚱하게 되는 일도 꽤 있습니다.

또 아드레날린은 교감 신경 우위 상태인 화창한 날에 쉽게 분비되며, 흔히 '투쟁 호르몬'이라 불립니다. 마치 용사가 된 듯한 기분을 맛보게 해 주는 호르몬이지요.

값비싼 물건, 예를 들어 일생일대의 쇼핑인 '집'을 산다고 가정해 봅시다. 이럴 때 우리는 그야말로 '투쟁하는 기분'을 맛보게 됩니다. 화창한 날에 모델하우스를 방문하면, 태양 아래 눈부시게 반짝이는 집에 압도당한 나머지, 투쟁 의욕이 불타오릅니다. 그리고 어느 집인가에 확 꽂혀서 덜컥 계약하게 되지요. 아드레날린에 방금 설명한 도파민이 더해지면 과감한 결정도 간단히 내리게 됩니다.

정말 괜찮은 매물이라면 괜찮겠지만, 도파민이나 아드레날린이 과다하게 분비되는 상황에서는 냉정함이나 객관성이 결여된 결정을 내리기 쉽습니다. 따라서 집이나 차와 같이 값비싼 물건을 살 때는 비 오는 날을 선택하거나, 비 오는 날을 사이에 두고 결정하는 편이 좋습니다. 이러한 행동이 결과적으로 바람직한 쇼핑, 좋은 결정으로 이어질 테니까요.

이처럼 쇼핑을 할 때, 우리는 스스로 조절하기 어려운 호르몬의 영향을 받습니다. 신중히 고르는 것처럼 보여도 사실은 순간적으로 첫눈에 반하듯이 뇌가 '좋아하는 것'을 고르지요. 어쩌면 인간은 자신의 믿음만큼 자유롭게, 자신의 '의지'로 물건을 고르는 것이 아닐지도 모릅니다. 그러므로 도파민과 아드레날린의 분비가 억제되는 비 오는 날이야말로 쇼핑을 즐기기에 가장 알맞은 날입니다.

비 오는 날은 쇼핑에 딱

④ 비가 오니까 미술관·박물관 가기

비록 비가 오지만 외출하고 싶다는 분께는 '미술관'이나 '박물관'을 추천합니다. 앞에서도 설명했듯이 비 오는 날에는 평소보다 감성이 예민해집니다. 감성이란 외부의 메시지를 받아들이는 힘으로, 보이지 않고 확인할 수도 없는 무언가, 즉 미지의 것을 믿는 힘이라고도 할 수 있지요.

이와 같은 깨달음이나 직감적인 이해는 우뇌에서 이루어집니다. 그리고 이 우뇌의 힘을 최대로 끌어내 주는 것이 바로 부교감 신경입니다. 비 덕분에 섬세해진 감성으로, 유구한 시간을 뛰어넘어 우리에게 온 명화나 문화재와 마주보면 어떨까요?

⑤ 비가 오니까 데이트하기

모처럼 데이트 약속이 있는 주말에 비가 오면 누구나 속이 상하겠지만, 실망하기에는 조금 이릅니다. 비 오는 날에 하는 데이트에는 여러 가지 이점이 있으니까요.

비 오는 날에는 '사물이 예쁘게 보이는 효과'가 있습니다. 비 오는 날에는 태양 빛이 차단되어 눈에 들어오는 빛의 양이 4분의 1 정도로 줄어듭니다. 실제로 밝기를 수치로

환산해보면, 화창한 날에는 10만lux 정도인 반면, 비 오는 날에는 2만 5,000lux 정도이지요.

광량이 적으면 빛이 우리 눈에 부드럽게 비치므로, 사람의 얼굴 또한 평소보다 예뻐 보입니다. 일본에는 '요메 토오메 카사노우치夜目遠目笠の内'라는 말이 있습니다. 이 말은 대개 여성에게 사용하는 말로, '밤에 볼 때, 멀리서 볼 때, 우산 속에서 살짝 보일 때가 가장 아름답게 보인다'는 뜻입니다.

비 오는 날은 화창한 날과 비교해 하늘이 어둑어둑하고 우산도 쓰니, 위의 세 가지 조건 중 두 가지나 충족하는 셈이지요. 따라서 남녀에 상관없이, 특히 짝사랑 상대에게 데이트 신청을 할 때는 비 오는 날을 선택하는 편이 좋습니다.

또 하나, 비 오는 날에는 체온이 약간 내려가는 탓에 사람의 온기가 그리워집니다. 이럴 때는 사랑하는 사람과, 혹은 반려동물과 스킨십을 해보세요. 스킨십을 하면 엔도르핀이 분비되므로(97쪽) 평소에 쌓인 스트레스를 해소하는 데도 도움이 됩니다.

앞에서 이야기한 작가 에쿠니 가오리의 수필집에는 이

런 내용이 나옵니다. 작가는 부부 싸움을 한 후 가루이자와로 여행을 갔는데, 마침 이날 내린 비 덕분에 위기를 모면했다고 합니다. 우산 하나에 어깨를 맞대었을 때 전해진 온기로, 어딘가 어색했던 감정이 풀어져 버린 것은 아니었을까요.

6장.

비 오는 날을 의욕적으로 보내려면

비 오는 날을 활기차게 보내고 싶은 분께
도움을 드립니다!

지금까지 '비 오는 날은 휴식을 취하기에 제격이다', '비 오는 날을 느긋하게 보내자'와 같이 피로를 해소하고 몸을 치유한다는 관점에서 비 오는 날을 살펴보았습니다. 비 오는 날을 휴식과 회복에 활용하면 실제로 효과가 크지만, 그렇다고는 해도 일을 쉴 수 없는 분이 더 많겠지요.

비가 와도 열심히 일해야만 하는 분도 가능한 범위 내에서 지금까지 소개한 방법을 실천하면, 효과를 볼 수 있습니다. 그러나 6장에서는 한발 더 나아가 비의 성질을 활용하면서 의욕적으로 일하기를 목표로, 어떻게 노력해야 하는지, 그 요령을 소개하겠습니다.

비 오는 날의 특징을 이해하고 이를 업무에 활용하는 사람이 있습니다. 그야말로 '비의 달인'이라 불릴만한 사람이지요. 그럼, 어떻게 하면 비를 의욕으로 바꿀 수 있는지 살펴봅시다.

비 오는 날을 의욕적으로 보내는 법

① 새로운 아이디어 생각·제안하기

비 오는 날은 창조적인 작업을 하기에 적합합니다. 계획을 세우거나 기획안을 짜거나 아이디어를 떠올릴 시간을 내고 싶다면, 단연 비 오는 날이 좋습니다. 비 오는 날에는 하늘도 어둑어둑하므로 빛이 눈에 강한 자극을 주지 않습니다. 따라서 의식이 좀처럼 산만해지지 않아 눈앞의 일에 바로 집중할 수 있지요.

또 비가 내리는 풍경을 바라보거나 빗소리를 들으면 감성도 자극을 받습니다. 비의 유라기(불규칙한 리듬 속에 내재된 일정한 법칙, 54쪽)가 우리의 마음을 흔들어 놓는 까닭입니다. 저 역시 글을 쓸 때는 비 오는 날을 적극적으로 활용합니다. 제가 사는 후쿠오카에는 매년 100일이 넘게 비가 오므로, 글을 쓰는 데 충분한 시간을 확보할 수 있지요.

'평소에는 업무에 쫓겨
좀처럼 아이디어를 낼 시간이 없어요.'

현대인이라면 누구나 한 번쯤은 해 보았을 법한 고민입니다. '오늘은 비가 오니까 ○○을 해 봐야지'라는 식으로, 비 오는 날을 평상시 업무나 정해진 스케줄에서 빠져나올 계기로 삼으면 어떨까요? 일상 속에 약간의 틈을 만들어 보는 것입니다. 한 시간 정도 일찍 출근해 보는 건 어떨까요? 매일 걷는 거리라도 다른 느낌이 들 테니까요. 무언가 다른 느낌, 낯선 인상은 새로운 아이디어를 발견할 수 있는 좋은 계기가 될 것입니다.

또 비 오는 날은 상사에게 새로운 기획안을 제출하기에도 안성맞춤입니다. 화창한 날에는 '전투 모드'인 상사라도 비 오는 날에는 분명 '수용 모드'일 테니까요. 즉 마음이 안정되어 있을 터이므로, 평소라면 '다시 써 오라'고 할 만한 서류도 어쩌면 '꽤 괜찮다'며 칭찬해 줄지도 모릅니다.

아이디어가 떠오르지 않거나 생각이 정리되지 않을 때는 다음과 같이 호흡을 해 보세요. 머릿속이 멍해서 어쩐지 일이 진척되지 않을 때도 추천합니다. 이 호흡법을 실천하면, 머리가 맑아지는 동시에 스트레스 완화 효과까지 얻을 수 있습니다.

1. 숨을 내쉬면서 오른손은 위로 쭉 펴고,
   왼손은 팔꿈치를 구부려 뒤로 뺀다.
2. 숨을 멈추고 10분간 이 상태를 유지한 다음,
   가볍게 힘을 빼고 숨을 내쉰다.
3. 이 동작을 3번 반복한 후 반대쪽도 똑같이 한다.

② 일부러 외근하기

비 오는 날은 외근하기에 알맞은 날이란 사실을 아시나요? 어느 유능한 은행원에 따르면, 비 오는 날, 까다로운 거래처를 방문하면 일이 순조롭게 풀린다고 합니다. 그럼, '비 오는 날 외근을 하면 대개 일이 순조롭게 풀리는 이유'를 한번 생각해 봅시다.

가장 큰 이유는 '비에 젖은 모습으로 고객을 방문하면 이야기가 원만하게 결론에 이르기 때문'입니다. 비에 젖은 채로 고객을 방문할 경우, 화창한 날에 방문했을 때보다 이야기하는 시간이 자연스럽게 10~15분 정도 길어진다고 합니다. 비 오는 날에는 부교감 신경이 우위에 서므로, 고객 또한 '수용 모드'가 됩니다. 즉 평소보다 상대의 말을 귀 기울여 듣고 이해하려는 마음이 강하므로, 업무에 관한 이야기를 꺼냈을 때 일이 순조롭게 진행되지요.

또 상대가 무작정 찾아왔다고 해서 바로 빗속으로 내쫓는 것 또한 어쩐지 심리적으로 꺼려집니다. 이런 까닭에 '오늘은 이야기를 들어 주어야지.'라는 마음이 드는지도 모릅니다. 아니나 다를까 그 은행원이 말하기를, 비 오는 날에 거래처를 방문하면 대개 고객으로부터,

"궂은 날에 이렇게 일부러 와 주시다니, 죄송스럽네요."

라는 말을 듣는다고 합니다. 즉, 비 오는 날 방문하기만 해도 상대가 호의적인 마음을 품게 되는 셈이지요. 이는 비의 부차적 효과입니다.

이처럼 비 오는 날은 성과를 낼 절호의 기회일 수도 있으니, 고된 외근 일을 하는 분이라면 꼭 한번 실천해 보시기 바랍니다.

③ 집중해서 공부하기

비 오는 날에는 업무 효율은 물론 학습 효율도 높아집니다. 그 원리는 일할 때와 마찬가지입니다. 그야말로 내면에 지식을 쌓거나 사고력, 통찰력을 갈고닦는 공부는 비 오는 날에 안성맞춤이라, 화창한 날보다 더 많은 내용을 익힐 수 있지요.

또 외부로부터 들어오는 자극이 적어서 공부에 집중할 수 있고, 밖에 나가 놀고 싶다는 유혹에 사로잡힐 일도 없습니다.

더욱이 비 오는 날에는 평소보다 잠을 푹 잘 수 있으므로 '해마'에서 기억이 착착 정리됩니다. 해마는 기억을 관장하는 기관입니다.

수면의 역할 중 하나는 '기억을 정리하는 일'로, 뇌는 우리가 자는 동안 기억을 정리합니다. 기억을 체에 걸러 반드시 기억해 두어야 할 사항을 저장하는 작업이 수면 중에 뇌에서 이루어지지요. 잠을 푹 자고 나면 공부나 업무 효율이 크게 올라갈 듯한 느낌이 드는데, 여기에는 사실 그럴만한 이유가 있었던 것입니다.

부교감 신경 우위 상태인 비 오는 날에는 평소보다 잠을 잘 잘 수 있습니다. 이러한 사실만 보아도 비 오는 날은 공부에 적합한 셈이지요.

비 오는 날을 활용하여 집중력 있게 공부하세요. 그리고 공부한 후에는 푹 주무세요. 밤을 새우면 기억이 저장되지 않아 곧바로 잊어버리게 됩니다.

어쩐지 의욕이 없는 날에는 '우선 5분간 공부해 보고, 여전히 의욕이 생기지 않으면 5분간 다른 일을 한 다음, 다시 공부하는 방법'을 추천합니다.

이와 같은 리듬으로 공부와 휴식을 반복하면, 어느새 집중력이 생겨 공부에 가속도가 붙습니다. 싫증이 났을 때

잠시 공부하던 손을 멈추면, 뇌에 좋은 자극이 되기 때문이지요.

④ 마음에 걸리는 일 사과하기

비 오는 날에는 부교감 신경이 우위에 섭니다. 이와 같은 부교감 신경 우위 상태는 마음에 큰 영향을 끼쳐서, 비 오는 날에는 '받아들이려는 마음' 즉 수용 모드가 되기 쉽지요.

그러므로 비 오는 날을 인간관계 개선의 날로 활용해 보시기를 추천합니다. 누군가와 사이가 틀어졌거나 관계가 원만하지 않다면 비 오는 날을 활용해 보세요. 비 오는 날에는 나도 상대방도 수용 모드이므로, 사소한 말 한마디에 기분이 상하거나, 버럭 화를 낼 가능성이 적습니다.

사과를 할 때도 단연 비 오는 날이 좋습니다. 상대방이 내 이야기에 귀 기울여줄 뿐 아니라, 사과를 받아 줄 가능성 또한 커집니다. 반대로 교감 신경이 우위에 서서 '전투 모드'가 되는 화창한 날에는 사과할 마음이었는데 어느샌가 말싸움을 하는 상황이 벌어질지도 모릅니다.

또 비 오는 날은 껄끄러운 말을 하기에도 좋습니다. 애인

과의 관계가 어쩐지 예전만 못하다면, 비 오는 날에 시간을 들여 찬찬히 이야기해 보는 방법도 괜찮겠네요.

'비 오는 날은 인간관계를 회복하는 날'이라고 기억해 두시기 바랍니다.

⑤ 말버릇 되돌아보기

비 오는 날은 '평상시의 말버릇을 되돌아보기'에도 제격입니다.

저는 지난 수십 년간, 가족 문제나 등교 거부 문제로 고민하는 가정을 상담해 오면서 한 가지 사실을 알게 되었습니다. 가족 간에 문제를 안고 있는 집에서는 공통으로 다음 두 가지 말을 자주 사용한다는 점입니다. 바로 '바빠'와 '미안해'라는 말입니다. 이 말을 집 안에서 습관처럼 사용했지요.

아빠나 엄마가 '바쁘다'고 말하면, 아이들까지 덩달아 '바쁘다'고 말하게 됩니다. 이러한 가정에서는 문제가 생기기 쉽습니다.

등교를 거부하는 아이는 '엄마가 잘못했어. 미안해.'란 말을 들으면 화를 냅니다. '미안해'라는 말을 들어도 전혀 기쁘지 않으니까요.

한편, '네가 있어서 얼마나 고마운지 모른단다.'란 말을 들었을 때는 매우 차분한 태도를 보입니다.

일상생활 속에서 '미안해', '바빠'와 같은 말을 지나치게 자주 사용하지는 않습니까?

비 오는 날은 자신의 내면과 마주 보기에 가장 좋습니다. 화창한 날처럼 오로지 자기주장만을 내세우려는 모드가 아니므로, 자신이 내뱉은 말에도 주의를 기울이기 쉽지요.

'고마워'란 말을 자주 하면, 어느새 나를 둘러싼 주변의 분위기가 변합니다.

내가 아닌 다른 사람을 바꾸기는 어렵지만, 자신의 말버릇을 바꿀 수는 있습니다. 그리고 자신이 변하면 주위 사람이 나를 대하는 태도 또한 달라지는 법입니다.

'바빠', '미안해' 대신 오늘부터는 '고마워'란 말을 사용해봅시다. 자녀가 '같이 카드 놀이해요!'라며 졸랐을 때, '바빠서 안 돼. 미안해.'가 아니라, 우선 '함께 하자고 이야기해 줘서 고마워.'라고 말해 보세요.

'바빠서 피곤한 하루였어.'라고 혼잣말을 하지 말고, '오늘은 열심히 일할 수 있어서 참 고마운 하루였어.'라고 바꿔 말하는 것입니다. '바빠'와 '미안해'를 얼마만큼 '고마워'로 바꿔 말했는지를 게임처럼 즐기며 실천해 보시기 바랍니다.

이 또한 비 오는 날, 우리의 마음을 정리정돈하는 작업이니까요.

맺음말

'자, 오늘은 어떻게 보낼까?'

비가 오는 날이면, 저는 늘 이런 식으로 생각합니다. 그리고 비 오는 날은 평소와 전혀 다른 방식으로 보냅니다. 비의 장점과 비가 사람의 몸과 마음에 끼치는 영향을 잘 아는 까닭이지요.

때마침 휴일에 비가 오면, 외출을 삼가고 집에서 느긋하게 보냅니다. 비 오는 날에는 몸이 자연스럽게 회복 및 재생 모드에 들어가므로, 화창한 날 휴식을 취할 때보다 훨씬 빠르게 회복됩니다.

또 일부러 빗소리를 듣는 시간을 내어 뇌를 편안하게 해 줍니다. 명상이나 좌선으로 무無의 경지에 다다르기는 어렵지만, 빗소리를 듣는 일은 간단하니까요. 빗소리의 자연스러운 리듬은 우리의 호르몬 중추를 관장하는 뇌줄기에 영향을 미치므로, 몸과 마음이 쉽게 균형을 이룹니다.

한편, 평일에 비가 오면 계획을 세우거나 글을 쓰는 등, 창조적인 일에 몰두합니다. 화창한 날보다 감성이 날카로워지고 집중력 또한 높아지는 비 오는 날은 생산적인 일을 하기에 제격이지요.

점심은 평소보다 느긋하게, 비 오는 바깥 풍경을 감상하면서 꼭꼭 씹어 먹습니다. 식후에는 녹차나 커피 등으로 카페인을 섭취하여 두통을 예방하고요.

평상시에는 시간에 쫓기더라도 비 오는 날만큼은 비의 이점을 활용하여, 최대한 느긋하게 보내려 노력합니다.

현재 저는 화창한 날이 지속되면 '슬슬 비가 좀 왔으면 좋겠는데….'란 생각이 들 만큼 비를 좋아합니다.

하지만 이토록 비를 좋아하는 저 역시 얼마 전까지만 해도 비를 그다지 달가워하지는 않았습니다. 비가 오면 어쩐지 몸이 찌뿌듯하고 마음이 불안했으니까요.

이러한 비에 얽힌 부정적인 생각은 20대 초반, 병원에

장기간 입원하게 되면서 바뀌었습니다. 할 수 있는 일이라고는 오로지 침대에 누워 창밖을 바라보거나 책을 읽는 일밖에 없었던 저는 나 자신과 나를 둘러싼 자연을 생각했습니다. 성찰할 시간은 그야말로 영원히 지속되는 것이 아닐까 싶을 만큼 충분했지요.

'있는 그대로의 현재'를 받아들인다면 비에 대해 부정적 감정을 품을 일이 없습니다. 이는 존재론적 사고입니다.

한편, 오직 목표를 향해서 열심히 달리기만 하는 사람은 비가 내릴 때, 대개 '아, 짜증 나.' '빨리 그쳤으면 좋겠는데….'라고 생각합니다. 이는 목적론적 사고이지요. 비를 목적론적으로 파악하면, 비는 단지 내가 하려는 일을 방해하는 존재로만 느껴질 뿐입니다.

때로는 목표를 향해서 계속 달리는 일도 중요합니다. 하지만 목표에 손이 닿지 않았을 때, 자신은 한심한 사람이라고 자책하거나 다른 사람이 부럽게 느껴진다면, 자신이 지나치게 목적론에 치우쳐 있지는 않은지 한번 생각해 보아야 합니다.

무엇보다 나라는 존재를 수용하는 일이 중요하지요. 그리고 나를 수용한 다음, 자기 자신의 성장을 느끼고 즐겨야

합니다.

작물은 물론이거니와 우리의 몸과 마음에도 비는 '은혜', 그 자체입니다. 비 오는 날의 기압 변화는 우리에게 몸과 마음을 회복할 시간을 주지요. 비 오는 날을 잘만 활용하면 인간관계에서나 건강 면에서나 긍정적인 효과를 얻을 수 있습니다.

따라서 비를 이해하고 비 오는 날을 보내는 법을 안다면, 그만큼 보람찬 날이 늘어날 것입니다.

억지로 비를 좋아하지 않아도 됩니다. 단, 여태까지는 비 오는 날, '실망감'만을 느꼈던 분이라면, 앞으로는 이런 생각이 들지 않을 만큼만 비를 받아들일 수 있게 되기를 희망합니다.

끝까지 읽어주셔서 고맙습니다.

미노다 게이지

매일 비가 와도 좋아

초판 1쇄 인쇄 2019년 6월 26일
초판 1쇄 발행 2019년 7월 5일

지은이 미노다 게이지
옮긴이 송은애
펴낸이 서덕일
펴낸곳 심포지아

편집 정은선 **디자인** 이유정
일러스트 이미정

출판등록 2014.12.24 (제2014-73호)
주소 경기도 파주시 회동길 366 (10881)
전화 (02)499-1281~2 **팩스** (02)499-1283
전자우편 info@moonyelim.com
홈페이지 www.moonyelim.com

ISBN 979-11-954456-8-4(03190)
값 11,800원